¡CÁLLATE Y ESCUCHA!

¡CÁLLATE Y ESCUCHA!

Duras verdades para triunfar en los negocios

Tilman Fertitta

Harper*Enfoque*

HarperEnfoque

© 2020, HarperEnfoque
Publicado en Nashville, Tennessee, Estados Unidos de América
HarperEnfoque es una marca registrada
de HarperCollins Christian Publishing, Inc.

Cállate y escucha. Duras verdades para triunfar en los negocios.

Título original: *Shut Up and Listen!: Hard Business Truths that Will Help You Succeed.*

Copyright © 2019, by Tilman Fertitta
Copyright © 2019, HarperCollins Leadership, an imprint of HarperCollins Focus LLC.

Traducción: Pilar Obón.
Diseño de interiores: Ricardo Gallardo.
Diseño de forros: Mario Andrés Ramírez.

ISBN: 978-1-4003-4332-4
ISBN: 978-1-4003-4333-1 (eBook)

Primera edición: enero de 2020.

Contenido

———— ∞ ————

SECCIÓN 1
HOSPITALIDAD ("SI QUIEREN HUEVOS REVUELTOS...")
[21]

SECCIÓN 2
MÁS TE VALE CONOCER TUS NÚMEROS
[49]

SECCIÓN 3
LA REGLA 95:5: ¿CUÁL ES TU "CINCO"?
[79]

SECCIÓN 4
VE LA OPORTUNIDAD, TOMA LA OPORTUNIDAD
[103]

SECCIÓN 5
VIVE TU LIDERAZGO
[129]

Prólogo

En el transcurso de más de cuatro décadas, he pasado mi carrera cubriendo a los más grandes atletas y ganadores que el mundo haya visto, entrevistando a leyendas como Mohamed Ali, Tom Brady, Michael Jordan y Michael Phelps. La dedicación, devoción, trabajo duro, integridad, intelecto, imaginación, compromiso con la excelencia y corazón los han convertido en íconos globales.

Los mismos principios aplican en los negocios. Así que creo tener una idea de por qué estás leyendo este libro. Es porque quieres aprender de un increíble ganador en los negocios.

Tilman Ferttita se ha elevado a la cima de la montaña y es uno de los más grandes ganadores en la historia de los negocios.

Si eres un profesional de los negocios, tal vez conozcas a Tilman como el propietario de Landry's, Inc., los muchos hoteles, restaurantes y casinos que posee y opera, o por su programa en la CNBC, *Billion Dollar Buyer*. Si eres un fanático de los deportes, quizá lo conozcas como el dueño de los Houston Rockets, o por su desempeño como presidente del

Consejo de Regentes de la Universidad de Houston, donde ayudó a llevar la institución y su programa atlético a un nivel prominente.

Si conoces a Tilman personalmente, como yo, sabrás que supervisa sus varios negocios con una pasión y una energía que son tan fuertes hoy como cuando abrió su primer restaurante hace más de 35 años. Incluso con todo su éxito, su impulso es como si acabara de llegar a su primer día en el trabajo. No hay espacio para la autocomplacencia trabajando con Tilman y ningún detalle es demasiado pequeño cuando se trata de la experiencia que brinda a sus clientes. No hay duda de que Tilman sabe lo que se necesita para iniciar y administrar un negocio exitoso. Sabe cómo motivar a quienes trabajan con él, y predica con el ejemplo. Infunde confianza y empodera a la gente para obtener lo mejor que pueda dar. Confía en sí mismo, así que puede confiar en quienes le rodean. De hecho, hay muy poca gente a la que puedas recurrir que sepa lo que se necesita para tener éxito en los negocios más que Tilman.

En ¡Cállate y escucha!, Tilman comparte los secretos y estrategias que lo han hecho tan exitoso y lo hace en un estilo directo y humorístico que a los lectores les encantará. Descubre puntos ciegos comunes que pueden hacer tropezar a los emprendedores, y ofrece estrategias probadas que les ayudarán a crecer. No conozco a mucha gente que pueda decir, como lo hace Tilman en la introducción: "Tal vez pienses que sabes lo que estás haciendo, pero yo voy a demostrarte que no lo sabes", y, además, tener razón.

Recomiendo altamente ¡Cállate y escucha! La sabiduría y las percepciones realizables que ofrece Tilman en este nuevo, revolucionario libro son una combinación potente que los dueños de todo tipo de negocios valorarán incluso mucho después de la primera lectura. Es toda una vida de lecciones de negocios presentada por un hombre dispuesto a compartir un mapa de cómo puedes navegar en los negocios, y unirte con él en la plataforma de la victoria.

JIM GRAY
Ganador del Hall of Fame Emmy Award en los deportes
Periodista, reportero y productor

Agradecimientos

———— ⟨∞∞⟩ ————

Yo no podría haber escrito este libro sin el apoyo de toda mi familia. Mis padres, Vic y Joy, y Paige, Michael, Patrick, Blayne y Blake han escuchado cada "tilmanismo" que hay en este libro y más.

Quisiera agradecer a quienes me dieron realimentación crítica durante el proceso de escritura y edición de este libro, incluyendo a Patrick Fertitta, Michael Fertitta, Steve Scheinthal, Dancie Ware, Melissa Radovich y Dash Kohlhausen. Lavaille Lavette fue el catalizador de este libro y ha estado ahí cada paso del camino para hacer un éxito de él.

Quiero agradecer particularmente a mis amigos y contemporáneos que se tomaron el tiempo para contribuir a la sección "El Tilman que conozco", incluyendo a Rich Handler, Dave Jacquin, capitán Mark Kelly, capitán Scott Kelly, Michael Milken y doctor Renu Khator.

Finalmente, sin la dedicación de todos mis empleados de Landry's, Golden Nugget y Rockets, yo no habría podido construir mi organización ni hacer de ella lo que es ahora, y no habría libro que escribir. A menudo presumo acerca

13

de cuán afortunado soy de haber conservado a tantos empleados permanentes por tanto tiempo. Tomo su dedicación como el halago definitivo. Quiero agradecer particularmente a los siguientes ejecutivos, todos los cuales han estado conmigo por aproximadamente veinte años:

Andy Alexander	Brett Kellerman
Keith Beitler	James Kramer
Jeff Cantwell	Julie Liebelt
Kerri Carr	Mark Monsma
Howard Cole	Don Rakoski
Gerry Del Prete	Kelly Roberts
Rhonda DePaulis	Kathy Ruiz
Jim Dufault	Steve Scheinthal
Richard Flowers	Paul Schultz
Shah Ghani	Lynn Small
Steve Greenberg	Dena Stagner
Lori Kittle	Stephanie Tallent
Nicki Keenan	Karim Tamir

No hay espacio suficiente en la página para mencionar a los cientos de otros empleados que han estado conmigo por tantos años, pero aquellos de ustedes a los que no mencioné, gracias también por su dedicación.

Introducción

───❦───

Si estás en los negocios, quieres empezar un negocio, o tal vez ascender por la escalera corporativa, has llegado al lugar correcto. Ahora, cállate y escucha para hacer de ese negocio todo lo que puede llegar a ser.

Soy Tilman Fertitta. Según la lista de Forbes 400, ocupo el lugar 153 de las personas más ricas de Estados Unidos. Soy el único dueño y fundador de Fertitta Entertainment; mi organización posee y opera restaurantes, hoteles, parques de diversiones y acuarios. Quizás estés familiarizado con algunas de mis marcas de restaurantes, como Mastro's, Morton's The Steakhouse, Rainforest Café, Chart House, Bubba Gump Shrimp Co., Landry's Seafood House, Saltgrass Steak House y 35 conceptos más. En total, soy dueño de más de seiscientos restaurantes. También tengo cinco hoteles y casinos Golden Nugget. Como si eso no fuera suficiente, también he comenzado mi propio *reality show* llamado *Billion Dollar Buyer* en CNBC.

Ah, por cierto, por si no lo sabías, también soy dueño de los Houston Rockets de la NBA.

Ése es un largo camino desde haber comenzado con un solo restaurante en Katy, Texas. Y en este libro, quiero compartir algunas de las ideas y estrategias clave que utilicé para construir un imperio de entretenimiento y hospitalidad que abarca al mundo entero.

Para hacerlo, me gustaría comenzar con una advertencia: sé como yo: nunca jamás dejes de preocuparte por tu negocio.

¿Por qué?

Porque cuando se trata de los negocios, como de casi todo en esta vida, hay para todos una pala en el trasero.

Y nunca sabes cuándo va a llegar, o de dónde.

Realmente creo eso. No me importa si las cosas te están yendo bien, que pienses que lo sabes todo. Pon esta sola cosa en tu cabeza: hay una pala que va directo a tu trasero en este momento.

Por "pala" quiero decir que siempre hay una fuerza allá afuera, algo que tiene en la mira el éxito y el crecimiento de tu negocio. Puede haber alguien con un mejor producto. Puede ser una demanda legal esperando para atacar. La economía puede dar un giro. El banco del que dependías puede negarte el crédito. Puede haber nuevas regulaciones del gobierno listas para entrar en vigor. Tu computadora podría ser hackeada. Estos días, no es ridículo preocuparse por un ataque terrorista, doméstico o internacional.

Lo mejor que puedes esperar cuando ocurre algo malo o dañino es poder actuar rápido para minimizar el impacto. Pero tienes que abrir los ojos. Necesitas comenzar a preocuparte, anticipar, planear y ser proactivo. ¿Por qué? Porque la pala llega por los puntos ciegos que todos tenemos cuando hacemos malabarismos con los muchos papeles y conjuntos de habilidades necesarios para operar un negocio con éxito.

Es muy fácil caer en la autocomplacencia y la sobreconfianza, lo cual nos lleva a ignorar detalles cruciales.

Puedes pensar que sabes lo que estás haciendo, pero te voy a demostrar que no lo sabes.

La gente me pregunta todo el tiempo: "¿A qué le tienes miedo?". Yo respondo que no le tengo miedo a nada, pero me *preocupo* por todo. Ésa es una de las características significativas del mensaje que intento transmitir cuando hablo a líderes de negocios, estudiantes, mis empleados y a los emprendedores en mi programa de televisión *Billion Dollar Buyer*. Tengo que decirles a los emprendedores que, aun cuando me presentan algunos productos muy atractivos, hay cierta área donde se están quedando cortos que está dañando su negocio.

Así que, como dice el título de este libro, el siguiente paso es muy simple:

Cállate y escucha.

Tengo mucho que compartir contigo. Y te alegrarás de haber puesto atención.

El libro se divide en cinco secciones, cada una de las cuales habla acerca de una idea central que puede matar un negocio si no estás consciente de esos puntos ciegos. Esas secciones son, en ese orden:

1. Hospitalidad ("Si quieren huevos revueltos…")
2. Más te vale conocer tus números

3. La regla 95:5: ¿Cuál es tu "cinco"?

4. Ve la oportunidad, toma la oportunidad

5. Vive tu liderazgo

Cada sección proporciona estrategias e ideas específicas para ayudar a que tu negocio crezca al siguiente nivel. Si quiero enfatizar algo, aparece en una barra de "¡Escucha!".

Cuando se trata de los negocios, es absolutamente crucial permanecer realista, acerca de tu producto, tu competencia y sobre ti mismo. Conoce y reconoce todo lo que hagas y cada decisión que consideres. Este libro te ayudará a analizar mejor tus fortalezas y debilidades y a entender cuáles son las acciones que debes tomar. Sé honesto contigo mismo acerca de todo lo que no sabes, y lo que puedes hacer al respecto. (Como me gusta decir, ¡no voy a salir a la cancha y enseñarle al campeón de la NBA James Harden cómo lanzar un tiro!)

Compartiré algunas de las ideas y estrategias más directas que he utilizado en mis propios negocios y que tú puedes usar también. Estas estrategias te ayudarán a lograr el tipo de éxito estruendoso que quieres, sin importar si apenas estás comenzando tu carrera de negocios o si llevas años en ella.

Cada capítulo se redondea con lo que yo llamo "Los objetivos de Tilman", que son un rápido resumen fácil de consultar de los puntos principales que cubrimos en la sección. Son una forma accesible de referirte a los conceptos clave.

Al final del libro incluí un bono de contenido con un apartado llamado "El Tilman que conozco". Leerás las palabras de varios amigos míos que tienen sus propias opiniones acerca de quién soy y de algunas cosas que he hecho para lograr el éxito.

Éste no es un libro de texto. Son las estrategias que he utilizado, en los buenos tiempos y en los malos. Como expondré más tarde, he tenido mi buena porción de días en donde parecía que el mundo entero se estaba derrumbando. Tener en mente esas ideas me ayudó a no tirar la toalla cuando eso hubiera sido lo más fácil de mundo.

Los conceptos fundamentales que compartiré me ayudaron a tener éxito. No hay Óscares, Grammys ni Pro Bowl en los negocios, pero está la lista de Forbes 400, y yo estoy en ella. Creo que mis ideas y estrategias pueden ayudarte a lograr el éxito, sin importar en qué tipo de negocios estés. Si quieres ganar dinero en los negocios, tienes que leer este libro.

A pesar de todo mi éxito, transito cada día asegurándome de que la pala no me dé en el trasero. Puedo aguantar algunas palmadas, pero no quiero un gran golpe.

Ni tú tampoco.

Así que, para decirlo en la forma más amable posible: ¡cállate y escucha!

Comencemos.

HOSPITALIDAD ("SI QUIEREN HUEVOS REVUELTOS...")

De una forma u otra, cada negocio exitoso está construido con base en la hospitalidad.

El problema es que muchos negocios no lo ven. Y si lo hacen, no le prestan tanta atención como deberían.

La hospitalidad puede significarlo todo para el éxito o fracaso de tu negocio. En esta sección, expondré qué implica la hospitalidad, por qué significa tanto para tu negocio y cómo superar los obstáculos que hay en el camino de proveer hospitalidad, consistentemente y sin excepción.

CAPÍTULO 1

La hospitalidad importa, sin importar el negocio

A todos nos ha pasado. Y es el tipo de experiencia que nos vuelve completamente locos.

Probablemente porque sucede. Mucho.

Son las 11:02 a.m. Tal vez estuviste en una junta importante o acabas de llegar del aeropuerto, pero entras a un restaurante, y quieres huevos revueltos.

Esto es lo que podrías oír. Elige:

"Perdón, dejamos de servir el desayuno a las once."

"Sólo servimos huevos en el desayuno."

"La cocina está cambiando al turno del almuerzo."

"Señor, si hubiera llegado quince minutos antes…"

No importa cómo salga de la boca de alguien, la respuesta básica es la misma:

No puedo ayudarte.

Como dije, todos hemos tenido que lidiar con esto. Y, como también dije, puede volverte loco. No estás pidiendo que la cocina te prepare un waffle, unos panqueques, ni siquiera unos huevos benedictinos. No les estás pidiendo una orden de tocino (aunque probablemente tengan una en alguna parte que puedan calentar en tan sólo unos minutos y ponerla en un club sándwich).

Todo lo que estás pidiendo es que alguien de la cocina tome una sartén, la ponga en una hornilla y cocine un par de huevos revueltos. Pero el mesero te trata como si estuvieras intentando ordenar un pato pequinés, de cero, preparado por un chef traído sin escalas desde Beijing.

Tal vez intentas discutir con el personal acerca de lanzar un par de huevos en una sartén. Tal vez te encoges de hombros y pides ver el menú del almuerzo.

O tal vez te sales de ahí y tratas de encontrar otro lugar para comer.

Eso es porque algo como esto, nunca, jamás debe ocurrir.

Pero ocurre todo el tiempo, en distintas formas. Puedes llamar por teléfono a una tienda de computación para hacer una pregunta importante, sólo para escuchar que todo el mundo está ocupado. "¿Puede llamar después?"

O tal vez estás en una tienda departamental y preguntas si tienen una cartera en particular en existencia. "No". No una sugerencia de que estarían felices de mostrarte algunos artículos similares —solamente no.

¿El doctor puede tomarse unos minutos para hablar sobre tus resultados del laboratorio? "Haga una cita".

Para mí, todas éstas son cuestiones de hospitalidad. Y el servicio al cliente y la hospitalidad lo son todo, sin importar cuál sea el negocio.

Para mí, la definición de hospitalidad es simple. Es la forma en que manejas a un cliente. Ni más ni menos: cómo le tratas, cómo respondes a lo que te pide o te pregunta, y tu habilidad (y disposición) de mantenerte flexible. La meta última de interactuar con un cliente es hacerle sentir como si fuera el único cliente que tienes en el mundo. ¿Por qué? Porque, como les digo a mis empleados, no hay clientes de repuesto.

¡ESCUCHA! ||||||||||||||||||||||||||||||||||||||||||||||||||||||||||||||||||||||||||||||||||||||||||||

Todo comienza con la forma en que hablas con ellos. Y no necesitas memorizar ninguna palabra especial u oraciones mágicas. La regla es simple: cuando hables con un cliente, asegúrate de que la conversación sea sobre él o ella. Permite que hablen acerca de sus necesidades, qué esperan obtener al comprar tu producto o servicio. Si quieren quejarse, escucha. Lo que más quieren es sentirse escuchados. Y como estás tratando de hacerles sentir que son el único cliente que tienes, actúa como si lo fueran. Cuando estés atendiendo a ese cliente, nada ni nadie más importa en ese momento.

||||||||||||||||||||||||||||||||||||||||||||||||||||||||||||||||||||||||||||||||||||||||||||

Si quieres elaborar un poco más, tengo una regla de oro que digo casi todos los días: ser amable es gratis.

Piensa en eso. Como dueño de un negocio o emprendedor, ¿qué te cuesta ser cortés con todos y cada uno de tus clientes? ¡Nada! Ser amable no te cuesta nada. Pero, en la misma línea de pensamiento, recuerda: puede costarte mucho más ser grosero.

A veces, ser amable no es lo más fácil del mundo, sin importar cuánto sentido tenga desde el punto de vista del negocio. Tal vez tu pareja o tu ser amado dijo algo que te molestó justo antes de que salieras para ir al trabajo. Tal vez algo está pasando en tu vida que hace horriblemente difícil ser amable con todos y cada uno de tus clientes.

Sé *plappy.*

Tengo una simple respuesta para eso: sé *plappy.*

¿Qué es eso? El término está en inglés y con él quiero decir "play happy", es decir, "finge que estás feliz". No importa cuán molesto o preocupado puedas estar con otras cosas en tu vida en ese momento, haz todo lo posible para proyectar un humor feliz cuando estés en el trabajo.

Ésa es una regla de oro siempre presente en todos mis negocios. Cuando pones un pie en uno de mis negocios y trabajas para mí, sé "plappy" si tienes que hacerlo. Una razón para esto es que, como dije antes, a nadie le importa que tu perro haya masticado un par de zapatos de 300 dólares, o que tengas que reunirte con el director de la escuela de tu hijo después del trabajo. Ésa es la realidad.

La otra razón de que esa regla se mantenga a piedra y lodo en mis negocios es que todo lo que importa es la experiencia del cliente. Estamos en el negocio de la hospitalidad, así que tenemos que asegurarnos de ser hospitalarios todo el tiempo.

Y no importan los detalles específicos de lo que haces, también estás en el negocio de la hospitalidad.

El seguimiento es otro aspecto de la hospitalidad. Por ejemplo, si dices que vas a entregar el producto el día trece a las tres de la tarde, entrégalo exactamente en ese momento. No hables unos minutos antes de que debas entregarlo para decir que te vas a tardar tres días más de lo planeado. Todavía peor, no hables después de que debiste entregar el producto y digas que aún te vas a tardar más. (Por cierto, tu cliente ya lo sabe.)

Igual de importante, no des una excusa para explicar el retraso. A nadie le importa que el hijo de tu conductor se haya enfermado y que tuviera que recogerlo más temprano en el colegio. No es que quiera sonar malvado o insensible, pero a alguien que te pide algo no le importa que tu suegra haya muerto.

Lamento que tu hijo se haya enfermado. Mis condolencias por el fallecimiento de tu suegra. Pero si soy un cliente al que le dijiste que el producto que ordenó llegaría tal día a tal hora, sólo me concentro en el hecho de que algo que yo esperaba —a lo mejor algo que era importante para mí— no va a llegar como acordamos.

Todos tenemos hijos que se enferman. Los familiares y los seres amados se van. Los problemas personales surgen a diario. Tú lo sabes, y yo también. Pero una promesa hecha a un cliente debe tratarse como algo que no debe resultar afectado por los problemas y eventos inesperados con los que todos lidiamos constantemente. Los negocios serían mucho más fáciles si la vida nunca se interpusiera en el camino, pero lo hace.

Hay una forma simple de abordar este problema. Intenta elaborar algunos "¿y si...?". Cuando le hagas una promesa a un cliente, toma en cuenta que algo puede salir mal o interferir con que cumplas con tu compromiso. Piensa en lo peor que podría pasar. Date algunas horas o incluso unos días para que tengas un poco de colchón.

Una forma en que hago esto es siendo muy cuidadoso con cómo programo mi tiempo. Por lo general evito hacer compromisos con mucho tiempo de antelación. Para mí, nunca elaboro un calendario que sea más de un par de semanas o un mes. Así, si algo surge durante ese marco de tiempo, me he dado tiempo suficiente para encontrar una solución. Estás enfocado, pero también eres flexible.

Esto te coloca en una posición de ganar-ganar. O entregas el producto como estaba planeado o, aún mejor, le hablas a tu cliente y le dices que el producto llegó antes de lo esperado.

Si ofreces una fecha de entrega que el cliente siente que está demasiado lejana, ahora es el momento de explicarle por qué tiene que ser así. No es una excusa; es una explicación. Y desde el punto de vista del cliente, una explicación de por qué algo va a tardar tanto en llegar es más fácil de aceptar que algún tipo de excusa después con respecto a su lenta entrega. Cuando haces una excusa, básicamente le estás pidiendo perdón a tu cliente porque no entregaste cuando lo prometiste.

La meta general es asegurarte de que el cliente se sienta especial. Y un cliente que se siente especial te traerá más negocios y les dirá a todos sus amigos cuánto le encantó tu servicio.

Por supuesto, habrá veces en que las cosas no salgan como se habían planeado. Tal vez la entrega va a retrasarse, o algo en el menú no fue de la completa satisfacción del cliente. Es crucial compensarle de alguna forma al cliente por ese tropiezo.

Tenemos muchas cosas a disposición en nuestros negocios. Por ejemplo, si hay cinco personas cenando en una mesa, y uno de los comensales recibe su comida diez minutos después que los demás, probablemente no se la cobraremos. Si alguien se queda en uno de nuestros hoteles o resorts y tiene una experiencia negativa, podemos ofrecerle una noche gratis para demostrarle cómo hacemos las cosas bien.

Pero también es un acto de equilibrio. Si alguien gasta 50 dólares y no está feliz, ciertamente no le daremos algo que valga 300 dólares para compensarle. Esto no solamente está completamente fuera de balance, sino que es una disculpa exagerada. Aunque quieres enmendar lo que estuvo mal, inadvertidamente puedes estar haciendo que algo sea más grande de lo que realmente es.

Esto vuelve al hecho de asegurarte de que el cliente te esté escuchando. Haz preguntas y reacciona de acuerdo con las respuestas. Y resuelve el problema tan rápido como puedas, para que no se convierta en un monstruo.

Ten en cuenta que siempre habrá momentos en que un cliente insatisfecho se pondrá irracional. Hay gente que se sentará en el restaurante, se comerá un filete entero y después se quejará de que estaba demasiado cocido.

Primero, sé amable y respetuoso sin importar lo que puedas estar pensando de ese cliente en particular. Después, recuérdale al cliente que, de hecho, engulló todo el filete. Si hubiera dicho algo antes, tú hubieras podido hacer algo, posiblemente reemplazar el filete con otro platillo. Pero como se lo comió todo, la única conclusión lógica era que el filete estaba perfectamente bien. En breve, conserva una actitud equilibrada y cortés mientras estás explicando que no hay nada más que puedas hacer.

¿Es eso decirle no a un cliente? En cierta forma lo es. En este caso, es la respuesta honesta y la única que tiene sentido en los negocios.

Reserva algunas horas o días en tu calendario para los "¿y si...?" Si le digo a alguien que le voy a entregar algo ese día, por supuesto que voy a entregarlo. Voy a hacer que ese cliente se sienta especial.

Hablando de sentido en los negocios, apliquemos la técnica de "¿y si...?" a la historia de los huevos revueltos que abrió este capítulo. El mejor "¿y si...?" sería una cocina que aparta algunos huevos y otros elementos de desayuno para servir a los que llegan tarde. ¿Y si la cocina tiene algunos quichés preparados y listos para reemplazar los huevos revueltos?

O, aún más simple, ¿y si el mesero tomó tu orden, y el personal de cocina lanzó un par de huevos a una sartén y preparó un par de panes tostados? Igual te cobran tus buenos 25 dólares por un desayuno de huevos y pan tostado, pero eso era lo que querías. (Recuerda, hay un gran segmento de la población que podría decir: me importa un carajo lo que cueste: ¡yo sólo quiero huevos revueltos!)

Yendo más al punto, al construir una estrategia de "¿y si...?", o siendo flexible, hiciste que un cliente se sintiera especial. Y ésa es la meta primordial de la hospitalidad.

Pero no pierdas de vista el hecho de que eres una persona de negocios. Reviéntate el trasero para asegurarte de que un cliente jamás escuche un "no", pero que cada acción tenga, además, sentido para el negocio. Estás en el negocio para hacer dinero. Un cliente quiere huevos revueltos. Prepáraselos, pero cóbrale por el esfuerzo adicional. Si quiere huevos revueltos a las ocho de la noche, cóbraselos. Si un cliente quiere una entrega urgente o que se le instale algo en su casa, sé inteligente. Conoce cuáles son tus costos y cóbralos de acuerdo con eso. No sólo tendrás un cliente feliz, también te estarás cuidando a ti mismo como persona de negocios.

Esto plantea un punto importante. Ningún producto es tan increíble. Ningún producto es tan sorprendente que se distinga completamente entre todo lo demás. Puedes tener un producto perfectamente bueno, pero estás compitiendo contra un montón de otros productos perfectamente buenos. Ésa es la realidad en los negocios.

La forma en que puedes distanciarte de tu competencia es a través de la hospitalidad; atención a las necesidades y deseos del cliente, 24/7. Piensa en dos productos iguales; uno se entrega a tiempo, como se prometió, y el otro llega un día tarde. Tú me dirás cuál es el que el cliente recordará.

La hospitalidad es esencial para todo tipo de negocios. No me importa si eres un médico: debes ser un médico hospitalario y tener un modo excelente junto al lecho del enfermo. Si lo piensas, cada médico puede darte la misma inyección para la gripe. Pero ese que te ayuda a relajarte para que la inyección no te duela como el diablo es con el que vas a regresar.

No hace mucho hablaba con alguien que ve a un terapeuta regularmente. La cita termina siempre a las tres en punto. Y va para afuera. Casi todo el mundo que ve a un terapeuta puede relacionarse con este tipo de horario rígido. ¿Te sientes mejor? Bien. Por favor, paga en la siguiente ventanilla disponible. ¡Próximo paciente! ¡Muévanse!

¿Qué pasaría si ese terapeuta reservara un poco de tiempo para cada sesión, que el paciente podría usar si lo desea? Una noche podrían pasarse por siete minutos, otra noche por tres minutos. ¿Qué pasaría si un masajista que te apunta para un masaje de una hora realmente pasara sesenta minutos contigo, en vez de mostrarte la salida a los cincuenta minutos, después de comenzar cinco minutos tarde?

El punto no es tanto que la terapia sea más efectiva —aunque puede serlo— sino que el paciente se sienta como si realmente le importara al terapeuta. No sentir como que le están echando del consultorio exactamente a la misma hora. Realmente siente que importa, que su terapeuta está listo para brindarle atención extra si él siente que la necesita.

Eso es hospitalidad: un paciente que no se siente sólo otro nombre en una agenda.

¡ESCUCHA! ‖‖

La hospitalidad no sólo se aplica a todo negocio, también se aplica a cada parte de ese negocio. Sin importar qué hagan, todos los que trabajan para un negocio deberían practicar la hospitalidad con el mismo nivel de compromiso que el resto.
‖‖

Así es como eso puede funcionar. Sales a cenar, y eres rápidamente escoltado a tu mesa. Te atiende un mesero cortés y servicial. La comida es extraordinaria, al igual que el postre que le sigue. Te vas de ahí como un cliente completamente feliz.

Pero todo se derrumba cuando tratas de que te traigan tu auto. A lo mejor el valet pierde tus llaves. A lo mejor le toma dieciséis minutos encontrar el sitio donde estacionó tu auto. Tal vez cuando llega el valet con tu auto notas un raspón en la portezuela del conductor que no estaba ahí cuando lo entregaste.

De pronto, el recuerdo de la gran experiencia que tuviste en el restaurante desaparece completamente. Después de una gran cena y un gran servicio, conduces a casa de malas debido al servicio del valet.

¿Pero realmente se esfumó la gran experiencia? Quizá no. El problema no necesariamente se limita al error del valet. El problema es: ¿tu gerente general habló con el valet? ¿El valet llamó la atención del restaurante sobre eso? ¿Y qué hizo entonces el restaurante para tratar de amortiguar la situación? ¿Le pidieron al cliente que se sentara para hablar, para evaluar lo que ocurrió e, igual de importante, para preguntarle qué pueden hacer por él o por ella para que se sienta mejor con respecto a la experiencia?

Los problemas son inevitables. Lo que importa es lo que puedes hacer para que el cliente vuelva a sentirse feliz o, cuando menos, para mitigar la mala experiencia. Puesto de otra forma, a veces no puedes evitar el fuego. Lo que importa es cómo lo apagas.

Lo mismo puede ocurrir en cualquier negocio. Un paciente que se va del consultorio de un terapeuta después de que el médico le concedió algunos minutos extra puede sentirse mal por la actitud de una recepcionista malhumorada.

Todo es parte de estar en el negocio de la hospitalidad. Involucra a todos y depende de todos. Se llama cuidar a tu cliente. Y, si incluso una sola persona lo olvida, una experiencia de cliente que podría haber sido estupenda se puede ir directamente al drenaje. Así que prepárate para responder cuando eso ocurra. Y créeme, ocurrirá.

A veces un lapso de falta de hospitalidad sucede por una cuestión de elección; en mi opinión, el error más imperdonable.

Esto es lo que quiero decir. Hace tiempo estaba hospedado en un hotel de cinco estrellas en Chicago. Al final de un día muy largo, algunos socios y yo fuimos al bar para despejarnos y tomar un trago. Mientras estábamos relajándonos y disfrutando de nuestras bebidas, el cantinero vino a nosotros y nos pidió que nos retiráramos.

¿Por qué? ¡Porque el personal de limpieza ya quería comenzar a limpiar el bar!

Sé que a los cantineros les encanta dirigir tus bares, pero éste fue más allá de cualquier cosa que yo podría haber imaginado. ¿Puedes imaginarte ir a un hotel de cinco estrellas y estar bebiendo algunos tragos, y que te pidan que te retires porque el personal de limpieza quiere comenzar a aspirar? ¿Eso es ser hospitalario? En un nivel más práctico, ¿era ése el único espacio que necesitaba limpieza? ¿No podrían haberse ido a cualquier otro sitio mientras terminábamos nuestras bebidas a nuestro propio ritmo?

Este ejemplo resalta la importancia de decirles a todos aquellos con quienes trabajas que la hospitalidad viene primero que todo lo demás. Haz de la hospitalidad la vanguardia de todo lo que tu negocio hace, desde asegurarte que ciertas entregas lleguen según lo prometido para dar a un cliente hambriento justo lo que quiere, sin importar la hora. Y, en el caso de mi coctel en el hotel de Chicago, la hospitalidad significa hacer las cosas a conveniencia del cliente, no de la tuya.

Toma la hospitalidad como una cuestión personal. Cuando estoy en uno de mis restaurantes, y veo que alguien recibe una bebida sin una servilleta, o un platillo que no está caliente o equivocado, me molesta hasta el alma. Realmente lo veo como un reflejo y una representación de mí mismo.

Y, si vas a uno de mis restaurantes a las ocho de la noche, habrá huevos revueltos en tu mesa si eso es lo que quieres. A lo mejor te cobro más, pero serás un cliente feliz que obtuvo lo que pidió.

 ## Los objetivos de Tilman

- Haz de la hospitalidad tu meta, sin importar el negocio en el que estés.
- Hospitalidad significa hacer que un cliente se sienta especial.
- Cumple tus promesas. Construye sobre los "¿y si...?" para ayudarte a cumplir con tus compromisos.
- Haz de la hospitalidad la meta de todos aquellos que estén involucrados en tu negocio. Una sola persona que no muestre hospitalidad puede arruinar una experiencia del cliente que, de otra manera, sería positiva.

CAPÍTULO 2

Saca la palabra *no*
de tu maldito vocabulario

—∞∞∞—

Durante años he tenido una pregunta atorada en mi cabeza. Y no importa cuánto me esfuerce, nunca he podido encontrar una buena respuesta.

¿Por qué es tan fácil decir no cuando puedes decirle sí a un cliente?

Es una pregunta sencilla pero, como dije, nunca me encontrado con lo que yo consideraría una respuesta justa.

En el mundo de los negocios, en particular para los emprendedores y los negocios que comienzan, parecería ser una pregunta tan sencilla de responder. Un cliente te pide algo, y tú dices: "Sí, no hay problema". Fin de la historia.

Pero, en muchas formas, los negocios dicen no a los clientes todo el tiempo. Y es un tremendo, maldito error.

Puede ser algo tan simple como decirle a un cliente que no puedes prepararle unos huevos revueltos después de las 11 de la mañana, como el ejemplo en el capítulo anterior. Con mi experiencia en el negocio de la hotelería, puede ser tan simple como decirle a un cliente que no puede tener su traje limpio y de vuelta en su habitación la mañana siguiente porque está entregándolo treinta minutos tarde.

A veces, decirle no a un cliente tiene un precio más alto que enfadar a alguien que hubiera sido feliz si tan sólo hubieras dicho que sí. Digamos que un cliente pide que le sustituyan los camarones por ostras. Sé de seguro que te costarán lo mismo. Cobra una tarifa de sustitución, pero no le digas que no.

¿Por qué es tan fácil decir que no, cuando podrías decir que sí?

Realmente no puedo decir por qué pasan este tipo de cosas —una actitud casual hacia el trabajo, tal vez, o una sensación de que los clientes son más tolerantes en estos días— pero no hay una solución fácil para todo esto: saca la palabra *no* de tu maldito vocabulario.

Todo el tiempo predico eso. Nunca, nunca le digas que no a un cliente. Y hay una gran cantidad de razones para nunca decir que no más allá de la obvia de que puedes hacer enfadar a un cliente que de otra forma sería un cliente feliz.

¡ESCUCHA! ||||||||||||||||||||||||||||||||||||||||||||||||||||||||||||||||||||||||||||||||||||||||||||||

Si lo piensas, decirle que no a un cliente usualmente no significa que no puedes hacer algo. En vez de eso, significa que estás eligiendo no hacer algo.

||||||||||||||||||||||||||||||||||||||||||||||||||||||||||||||||||||||||||||||||||||||||||||||||||

Ésa es una gran diferencia. Obviamente hay algunas situaciones en que no puedes hacer nada. Digamos que tu negocio tiene programado hacer una entrega a un minorista, pero una enorme tormenta está inundando los caminos por todas partes. En ese caso, es comprensible que le digas a tu cliente que vas a retrasarte. Nadie puede controlar el clima.

Y, en algunos casos, lo que el cliente pide puede ser completamente irracional. Con toda justicia, no todos los clientes van a pedir algo realista, como el cliente que pide un reembolso después de devorar un filete completo. Cuando eso sucede, decir que sí puede ser difícil.

Pero en muchos más casos, decir que no se traduce como que alguien está diciendo que eligió no hacer lo que el cliente le pide.

Volvamos al ejemplo de los huevos revueltos del capítulo 1. Un cliente quiere huevos revueltos, pero ya se pasó la hora del desayuno. El mesero le dice que no puede prepararle unos huevos revueltos.

Espera un momento. ¿La cocina se quedó sin huevos? ¿Todas las sartenes están sucias? ¿Las gallinas se pusieron en huelga?

Por supuesto que no. Todo está ahí para poder hacer un plato de huevos revueltos perfectamente bien. Pero el restaurante está eligiendo decirle no a un cliente.

Aunque no lo creas, creo que los clientes entienden esto mucho más de lo que podrías imaginarte. Saben muy bien que cuando alguien dice "no puedo" en realidad quiere decir "no quiero". Piensa en eso. ¿Cómo te sentirías si en un negocio te dijeran que no, principalmente porque no tienen ganas de hacerlo, no porque no tengan la capacidad de acceder a tu petición?

Ésa es una mala situación para ponerse en ella. Primero, los clientes que escuchan "no" se sienten como que son desechables, que su asunto no importa. Me gusta decir que no hay clientes de repuesto, y decirle no a uno es, en cierta forma, hacerle sentir poco importante rápidamente. No te pongas en la posición de decirle que no a tu cliente. Si se te acabó el helado, los bollos para las hamburguesas, los tomates, lo que sea, ve al maldito supermercado y compra algunos. Puedes decirle a tu cliente que ya no tienes filete Wagyu, pero no de algo que puedas comprar en la tienda de la esquina.

No hay clientes de repuesto.

También me gusta decir que es esencial tratar a cada cliente como si él o ella fueran el único cliente que tienes. Pero decirle que no a alguien puede hacerle sentir como un número, sólo otro ítem en la lista. Con sólo una palabra —no—, puedes estarle diciendo a ese cliente: "Te estoy diciendo que no porque tú realmente no importas".

También es importante tener en mente que cuando sacas la palabra *no* de tu vocabulario para los clientes, eso no necesariamente significa que tengas que decir un directo "sí". Ofrece alternativas, tipo "no puedo hacer eso por usted, señor, pero puedo hacer esto otro". Si a un cliente le gusta tu producto en un color en especial que resulta que no tienes, sugiérele un color parecido. Si tu restaurante ya no tiene un platillo del menú que un cliente quiere ordenar, ofrécele un descuento para que regrese la noche siguiente, cuando obtendrá el platillo que quiere. No le estás diciendo que no; en cambio, es un "sí" cualificado.

En breve, di lo que *sí puedes* hacer, no lo que no.

Éste es un mensaje importante para transmitir. Incluso si no puedes satisfacer la petición exacta del cliente, estás mostrando la disposición a hacer otra cosa para mantenerle feliz. De nuevo, es una cuestión de elección: estás eligiendo tomar esas medidas extra para hacer que alguien se sienta especial y valorado.

Sacar de tu vocabulario la palabra *no* también te alienta a ti y a cualquier otra persona con la que trabajes a pensar con rapidez. En muchas formas, decir que no es la salida fácil para una situación. Pero si te niegas a decir no, a menudo se te tienen que ocurrir rápidamente algunas alternativas. Eso puede construir un negocio que tenga capacidad de respuesta y que sea creativo en todas las formas posibles. (Más adelante discutiremos la importancia de pensar con rapidez.)

Todo esto puede parecer bastante simple, y lo es. Pero te sorprendería ver la cantidad de negocios, con grandes productos y servicios, que inadvertidamente se disparan en su propio pie al decirles que no a sus clientes de muchas formas diferentes. Sin embargo, si estás consciente de eso y haces un esfuerzo consistente y consciente de nunca decirle "no" a un cliente, vas a ver resultados.

No siempre tienes que decirle que sí a un cliente. Pero nunca decir que no puede ser una de las estrategias más valiosas que puedes usar para ayudar a que tu negocio pase al siguiente nivel.

Los objetivos de Tilman

- Nunca le digas a un cliente que no.
- No hay clientes de repuesto.
- Entiende la diferencia entre no poder hacer algo por un cliente y elegir no hacer algo.
- Si no puedes decir que sí, ofrece alternativas.
- Nunca decir "no" te alienta a ti y a todos aquellos involucrados en tu negocio a pensar con rapidez.

CAPÍTULO 3

Atiende a las masas, no a las clases

———— ∞ ————

Uno de los mayores obstáculos que un emprendedor puede enfrentar es creer que su producto es único y que no hay nada parecido en el mundo. Como dije antes, eso es completamente irreal.

Pero esa realidad también puede hacer surgir una cuestión que es un problema para cualquier negocio que busque crecer: un producto demasiado estrecho como para despertar un amplio interés.

Si quieres que tu negocio ascienda al siguiente nivel, atiende a las masas, no a las clases. Las matemáticas detrás de esto son simples. Mientras más amplio sea el atractivo de los productos o servicios que vendes, más clientes tendrás. Y eso comienza haciendo lo que el cliente dicte que debes hacer.

Mucha gente opera su negocio según como piensa que debe hacerse. Basan sus productos, servicios y mucho de la experiencia del cliente en lo que les gusta, sea comida, servicio u cualquier otro elemento. El problema es que no puedes hacer lo que quieras. Concedido, puedes tener una gran idea o producto que amas totalmente, pero que lo ames o no es algo que no tiene importancia. Puede gustarte el hígado, ¿pero puedes construir una cadena de restaurantes alrededor del hígado? No es probable. Para crear tu negocio, debes querer hacer lo que las masas quieran.

Pon mucha atención a la realimentación que recibes. Tus clientes te dirán lo que les gusta y lo que no, en muchas formas. Y al escuchar lo que tienen que decir, no estás limitando conscientemente tu base de clientes potenciales. En vez de eso, estás trabajando para hacerla lo más grande posible.

Primero está la cuestión obvia del precio. ¿El precio de tu producto o servicio está al alcance del mayor número de personas posible, y al mismo tiempo te da un margen suficiente? Si el precio de tu producto es demasiado elevado, podrías estar perdiendo clientes que, de otra forma, podrían sentirse atraídos por lo que tienes para ofrecerles. Ése es un objetivo no necesariamente pequeño.

Hay todo tipo de formas para identificar un punto de precio sólido. Comienza sabiendo quiénes son tus competidores. Puede sorprenderte saber esto, pero muchos emprendedores no entienden claramente quiénes son sus competidores reales. Por ejemplo, alguien que está ofreciendo un producto o servicio diferente puede ser un competidor tan desafiante como alguien que hace exactamente lo mismo que tú. Cuando busques competidores potenciales, tienes que estar alerta con los productos y servicios que alguien podría comprar en vez de los tuyos, sean idénticos o no. Cuando hables con los clientes, tómate un minuto para preguntarles dónde más han buscado. Ignorar o no percibir a un competidor clave puede ser devastador.

Después, ve qué están vendiendo tus competidores y a qué precio. Hay muchos recursos disponibles con respecto a los estándares de la industria a los que puedes referirte. Utilízalos como guía, pero no como biblia. Conociendo tus números —tales como costos de producción, de mano de obra y otros— comenzarás a ver qué ajustes, si los hay, debes hacer a esos precios para ayudar a que tu negocio sea a la vez más rentable y más accesible para la mayoría de los clientes.

Éste es un problema común que he visto en todo tipo de negocios. Los emprendedores rutinariamente fijan el precio de sus productos más alto de lo que debieran si quieren atraer a un amplio rango de clientes. Y eso va igual para la venta al mayoreo que para la venta al menudeo. Los mayoristas esperan precios muy descontados por comprar en cantidad y, aun así, los emprendedores frecuentemente piden precios que son todo menos descuentos. En ocasiones ése es un problema de producción —disminuir los costos de producción siempre se traduce en precios más bajos— y a veces un emprendedor inexperto no se ha expuesto al tipo de descuentos que los principales compradores mayoristas pueden dominar.

El precio es sólo una parte de lo que debes tomar en cuenta. Por ejemplo, ¿la edad juega algún papel? ¿Tu producto o servicio es atractivo para una persona de cierta edad, o para clientes de todas las edades? ¿Eso incluye a los niños y a los adolescentes? ¿Y qué hay de los niños en edad escolar y de los millennials graduados?

¿Y qué me dices del género? ¿El tuyo es un producto masculino o femenino, o puede interesarle a cualquiera?

Repasa estas preguntas con la idea de expandir el atractivo de tu producto.

Una forma de mirar el reto de atender a las masas es abordarlo como el menú de un restaurante. Por supuesto, algunos restaurantes no atienden exactamente a los que más se preocupan por el presupuesto o, para el caso, tampoco incluyen a los niños ni a los comensales que tienen necesidades dietarias particulares en su mercado objetivo. Y eso está perfectamente bien.

Pero un restaurante que apunte a una audiencia amplia sabe que esa meta debe reflejarse en su menú. Los sándwiches y platillos pequeños más costeables pueden complementar a los más caros. El menú infantil apunta al comensal más joven, y le da a mamá y a papá un respiro en cuanto al precio. Las opciones libres de gluten, vegetarianas, veganas y similares atienden a clientes con dietas particulares.

Captas la idea. Ofrecer a los clientes un amplio rango de opciones es una forma probada de atender a las masas.

Con eso en mente, considera los productos o servicios que tu negocio ofrece actualmente. ¿Qué podrías agregar a ese "menú" que pudiera atraer a un rango de clientes más amplio? ¿Qué productos o servicios complementarían naturalmente a lo que ya vendes? Por ejemplo, si estás vendiendo la receta de pasta casera de tu abuela, ¿podrías introducir otros sabores o rellenos? ¿Qué tal su salsa de tomate para acompañar la pasta? ¿Qué parece ser un agregado natural?

Si más productos no son la respuesta, o ni siquiera son algo posible, ¿qué puedes hacer para que lo que ya tienes sea más atractivo para más clientes? Eso podría ser algo tan simple como un rango más amplio de colores, o variar el material que se usa para un artículo en particular. ¿Puede utilizarse un producto para algo distinto que el uso que originalmente se pretendía?

El punto aquí es siempre ampliar tu pensamiento, ver más allá de lo obvio. Ve lo que tienes y explora cualquier forma en que puedas agregarle o reformularlo para que más clientes se reacomoden en el asiento y presten atención.

No estoy diciendo que no puedas vender un producto exclusivo o uno dirigido a una audiencia específica. Esto está bien. Pero si quieres atraer el tipo de respuesta financiera que necesitas para ayudar a que tu negocio progrese, siempre es una idea sólida tratar de atraer a la audiencia más grande que puedas.

Eso es porque, particularmente en el caso de los emprendedores y de los pequeños negocios que comienzan, quieres venderle a las masas, no a las clases. Los negocios que atienden a la masas inevitablemente terminan ganando más dinero que los que limitan su alcance.

 Los objetivos de Tilman

- Atiende a las masas, no a las clases.
- Trabaja para que tu producto sea atractivo para una audiencia tan amplia como sea posible.
- Entiende a tus competidores.
- Conoce a tu audiencia objetivo.

MÁS TE VALE CONOCER TUS NÚMEROS

——— ∞∞∞ ———

Hay un factor primordial que determina si un negocio está destinado a elevarse al siguiente nivel o a luchar interminablemente: tus números.

Esto es algo que enfatizo no sólo en mis propios negocios —como me gusta decir, pregúntame cualquier cosa acerca de mis negocios, y seré capaz de responderte— sino a todo tipo de emprendedores. Necesitas conocer tus números, y necesitas conocerlos de memoria.

Si me preguntas por qué he tenido éxito, normalmente lo divido en cuatro razones:

1. Conozco mis números.
2. Entiendo las operaciones.
3. Conozco la parte del desarrollo (es decir, cómo hacer crecer tu negocio).
4. Cambio, cambio, cambio con los tiempos.

De esas cuatro, conocer tus números es, con mucho, la parte más importante de todas.

Las razones son simples pero poderosas. Los números impulsan todo lo que ocurre en tu negocio: qué entra, qué sale y la interacción crítica entre los dos. Y si no conoces tus números —y por "conocer" me refiero hasta los puntos decimales específicos—, es probable que te encamines al desastre.

Igual de importante, el no saber tus números puede entorpecer innecesariamente el crecimiento de tu negocio. Sin suficiente efectivo en la mano, puedes dejar pasar oportunidades que de otra forma hubieras tomado. O puedes tomar decisiones y compromisos financieros de los que más tarde te arrepentirás.

No me importa cuán genial sea tu producto o tu servicio. Si no sabes tus números, estarás fuera del negocio.

No permitas que eso suceda.

CAPÍTULO 4

El capital de trabajo
lo es todo

Cada cifra que tenga que ver con tu negocio tiene una importancia innegable. Pero hay una realidad financiera de particular relevancia para los pequeños negocios que buscan escalar.

¡ESCUCHA! ||||||||||||||||||||||||||||||||||||||||||||||||||||||||||||||||||||||||||||||||||

Para un pequeño negocio o un emprendedor, el capital de trabajo puede significar la diferencia entre el éxito o la extinción.

||||||||||||||||||||||||||||||||||||||||||||||||||||||||||||||||||||||||||||||||||||||||

Muchos emprendedores tienen una idea peligrosamente simple acerca de cómo funciona un negocio. Para ellos, la cosa es muy directa: le vendes algo a alguien y te pagan. Fin de la historia.

Salvo que eso ni siquiera se acerca a la forma en que funcionan las cosas.

Aquí hay un ejemplo de a qué voy. Digamos que una emprendedora diseña una bolsa absolutamente hermosa: estilizada y atractiva al mismo tiempo. Les lleva una muestra a varios minoristas exclusivos y el producto tiene el encanto suficiente como para atraer la atención inmediata de los dueños de esas tiendas de lujo.

—¿Sabes qué? —dice uno—. Me gustaría venderlo en mi tienda. Quiero treinta y seis. ¿Cuándo puedes entregármelas?

Aquí tenemos un problema. La emprendedora está fascinada con el pedido, pero no tiene el efectivo necesario para comprar los materiales para producir treinta y seis bolsas. Y una vez que las bolsas están fabricadas y entregadas, la tienda que hizo el pedido puede tomarse un mes o más para pagarlas, de acuerdo con la mayoría de los estándares actuales de cuentas por pagar.

Éste es un problema que veo una y otra vez con todo tipo de emprendedores. Esperan que les paguen de inmediato, sólo para descubrir que el dinero del que dependen para seguir operando no va a llegar hasta dentro de un mes y medio.

¿Qué se les agotó? El capital de trabajo. Y en mi experiencia, la razón número uno, con mucho, de que la gente no lo logre es el capital de trabajo.

Desglosando un poco el tema, el capital de trabajo es la diferencia entre los activos circulantes y los pasivos de una compañía. Los activos circulantes se refieren a los activos que pueden convertirse en dinero dentro de los siguientes doce meses; los pasivos son los gastos, costos y otros cargos dentro del mismo periodo de tiempo de doce meses.

El nombre "capital de trabajo" está bien puesto. Porque es dinero que puedes poner en uso de inmediato para ayudar a que tu negocio funcione al máximo todo el tiempo.

La situación del capital de trabajo de una compañía está determinada por varios factores. Por ejemplo, algunos negocios requieren más capital de trabajo que otros, como los fabricantes que precisan de fondos para comprar los suministros necesarios para hacer sus productos.

El tiempo que toma hacer esos productos se conoce como el ciclo operacional del negocio; mientras más largo sea el ciclo, mayor será la necesidad de tener efectivo a la mano. El ciclo operacional también se refiere a la situación que mencioné antes: el emprendedor que hace una venta, pero tiene que esperar varias semanas para que le paguen. Ésa es una brecha que tiene que llenarse.

El problema más grande que enfrentan los pequeños negocios involucra al capital de trabajo, porque tienen que pagar todo por adelantado.

Después, está el tipo de negocio en cuestión. Por ejemplo, si tienes un negocio de naturaleza cíclica —tienes algunas temporadas muy ocupadas y productos dirigidos a festividades específicas— necesitarás mucho capital de trabajo. Ése es dinero que no sólo te ayudará a sobrevivir durante las temporadas más bajas del año, sino también a impulsarte a medida que se aproximan tus temporadas altas.

La Navidad es el ejemplo ideal. Muchos negocios minoristas experimentan un pico de ventas significativo durante la temporada de compras navideñas. Y, sin embargo, muchos de ellos sufren porque no tienen el capital de trabajo necesario que les permita proveerse para las festividades.

El capital de trabajo también es un combustible para el crecimiento. Si el dueño de un pequeño negocio o un emprendedor comienza un negocio y quiere expandirlo, necesitará mucho capital de trabajo para financiar esa expansión. Por otro lado, alguien que tenga metas más modestas será perfectamente feliz permaneciendo pequeño, requiriendo menos efectivo.

Estos y otros problemas son el tipo de cosas que nunca se les ocurren a muchos emprendedores, hasta el día en que descubren que carecen del efectivo necesario para cubrir incluso los gastos más básicos, ya no digas tener dinero para crecer.

Si lo piensas, eso crea algo parecido a un campo de juego desnivelado. Muchos negocios pequeños tienen que pagar gastos esenciales por adelantado, sólo para descubrir que el mismo tipo de pago rápido no sucede cuando los clientes hacen un pedido. Injusto tal vez, pero así son las cosas.

A veces lo peor que puede ocurrirle a un pequeño negocio es un éxito repentino —y por éxito quiero decir un gran número de pedidos. En la superficie puede parecer lo mejor que puede suceder, pero sin capital de trabajo disponible para hacer los productos para surtir esos pedidos todo lo que puede quedarte es un montón de pedidos sin cumplir y clientes enojados y desilusionados.

Incluso, tener una gran cantidad de activos no necesariamente cubre la falta de dinero inmediatamente disponible. La infame historia de Enron es un ejemplo perfecto. Enron cayó debido a falta de liquidez y de capital de trabajo. Tenían miles de millones de dólares en activos, que no tuvieron tiempo de vender para pagar esos gastos básicos que mencioné antes. Eventualmente, sus activos fueron repartidos y rematados después de que cayó la compañía. Con miles de millones en activos, no tenían que fallar, pero lo hicieron porque no tenían suficiente capital de trabajo.

Entonces, ¿cuál es la respuesta? Todo negocio necesita un "revólver", es decir, una línea de crédito revolvente, como un préstamo puente o línea de crédito, para llenar la brecha.

El problema es que puede ser difícil obtener un préstamo o una línea de crédito, en particular para los nuevos negocios. Los bancos han estado recortando su financiamiento a pequeñas empresas, en especial los bancos más grandes. Y a medida que los pequeños bancos comunitarios son devorados por las instituciones más grandes, el número de opciones de préstamo disponibles se empequeñece todo el tiempo.

Yo sé exactamente cómo se siente eso. Cuando estaba comenzando, trataba de echar mano al dinero en cualquier forma posible —tarjetas de crédito, lo que se te ocurra. (Algo que no hice fue recurrir a mis amigos para que me prestaran. Si quieres perder a un amigo, sólo pídele prestado. Nada destruye más rápido una amistad.)

Agrégale a ese hecho que, en esa época, el entorno bancario en Houston y en todo Texas se sacudía hasta los cimientos a medida que banco tras banco cerraba sus puertas (una situación que, según resultó, trabajó a mi favor, como describiré en un capítulo posterior), así que asegurar el capital de trabajo era casi imposible.

Aun cuando la situación bancaria es bastante más estable ahora, sigue siendo difícil para los emprendedores y para los dueños de pequeñas empresas obtener ayuda financiera de un banco. A menudo, los nuevos negocios tienen poca historia operativa para sustentar su valor crediticio o bienes colaterales contra los que pedir prestado, así que su incapacidad para asegurar préstamos no es tan sorprendente. Muchos prestamistas otorgarán líneas de crédito sólo a compañías que tienen un mínimo de dos años de historia operativa.

Comienza construyendo tus reservas de efectivo. Esto es aparte del financiamiento bancario, pero una medida crítica para tener tanta liquidez como sea posible. Es importante que los emprendedores entiendan que los ciclos de los negocios suben y bajan. Prepárate para cuando el ciclo baje. Durante los ciclos bajos, usa tu efectivo para expandir tu negocio. Durante los ciclos altos, ahorra dinero para la siguiente bajada.

Cuando las cosas estén mal, cómete al débil y haz crecer tu negocio.

Ésa no es sólo una cuestión de supervivencia. Te da la oportunidad de comerte al débil y hacer crecer tu negocio, mientras otros están luchando con todo.

Aquí hay un ejemplo de hacia dónde voy. Lake Charles, Louisiana, puede no ser una ciudad conocida, pero es el mercado principal del juego para mi terruño de Houston, Texas, la capital petrolera del mundo y la cuarta ciudad más grande de Estados Unidos. Ser dueño de un casino en Lake Charles era algo a lo que le había echado el ojo por un largo, largo tiempo, porque yo sabía que podía hacer un montón de negocios ahí llevando mi hospitalidad sin paralelo, que todo el mundo en Houston ya conocía.

El problema era que ya no había licencias de juego disponibles en Louisiana, lo que hacía que el mercado del juego no fuera muy probable. O eso pensé.

De la nada, el 29 de mayo de 2013, la Federal Trade Commission (FTC) anunció que un casino que estaba siendo construido en Lake Charles por Ameristar Casinos (que estaba siendo adquirida por Pinnacle Entertainment) tenía que venderse para evitar un problema antimonopolio. Yo sabía que las otras grandes compañías de casinos podían hacer un montón de negocios ahí. Tenía que separarme de ellas, y rápido. ¿Qué hice? Estaba en medio de la compra de otro casino, pero cancelé ese trato y, de inmediato, subí a mi avión y volé a Las Vegas para reunirme con el entonces CEO de Pinnacle, Anthony Sanfilippo. Le ofrecí un depósito de 50 millones de dólares, completamente no reembolsable. Le dije a Anthony que si no cerraba ese trato, podía tomar el dinero que le había dado y venderle el casino a alguien más.

El edificio apenas sobresalía de los cimientos, yo sabía que necesitaba al menos 800 millones de dólares para completar el proyecto y que el consejo de juego aprobara el trato; todo esto podría haber afectado mi capacidad para cerrarlo. Pero sabía que ésa podría ser mi única oportunidad de entrar al mercado del juego de Lake Charles, y estaba listo. Tener la capacidad de reunir 50 millones de dólares y hacer una gran apuesta por mí mismo y mi compañía fue lo que necesité para cerrar el trato.

¡Todo el mundo parpadeó cuando arriesgué esa cantidad de dinero! Pero estaba en posición de hacerlo porque había acumulado el efectivo necesario.

Lo mismo pasó cuando puse 100 millones de dólares no reembolsables para comprar a los Houston Rockets, plenamente consciente de que podría no conseguir el financiamiento necesario. Pero dado que nunca dejé de pensar por anticipado al acumular efectivo, pude cumplir un sueño largamente acariciado de comprar mi propia franquicia deportiva en mi ciudad natal.

¡ESCUCHA! ||||||||||||||||||||||||||||||||||||||||||||||||||||||||||||||||||||||||||||||||||||||||

Okay, así que no estás en la posición (¡todavía!) de hacer ese tipo de tratos, pero el mismo principio aplica en cualquier clase de negocio. ¿Quieres saber una regla sencilla para asegurarte de siempre tener el efectivo adecuado a la mano? Nunca pongas tu estilo de vida por encima del crecimiento de tu negocio.

||||||||||||||||||||||||||||||||||||||||||||||||||||||||||||||||||||||||||||||||||||||||||

Lo he visto durante años. De pronto, las jóvenes compañías comienzan ganando 20 000 dólares extra al mes, y en vez de usarlos para que su negocio siga creciendo, los propietarios compran nuevas casas y nuevos autos. Entonces su negocio derrapa un poco, y ellos terminan trabajando como diablos para tratar de mantener sus estilos de vida personales.

En justicia, yo también tengo una linda casa, barcos y aviones. Pero esas compras nunca ocurrieron antes de que me asegurara de que todos mis negocios tuvieran efectivo suficiente para aprovechar las oportunidades en todo momento. Siempre mantuve la mayor parte de mi dinero en mi compañía. ¡Renegaba con todo el mundo que nunca tenía dinero porque todo estaba invertido en el negocio!

Por eso pude avanzar de 4 millones a 4 mil millones de dólares en treinta años; no fui a comprar Picassos de 100 millones de dólares como hacen algunos. No compré una casa en Malibú. Usé ese dinero para comprar más compañías y construir edificios.

Hace unos cinco o seis años, retiré un gran dividendo de la compañía, algo así como 600 millones de dólares en efectivo. No fui a comprar un nuevo avión. No fui a comprar un nuevo yate. No fui a comprar una obra de arte. Me quedé sentado ahí con el dinero, sabiendo que vendrían tiempos difíciles. Fui capaz hacer algunas enormes adquisiciones. Eso, gracias a que tenía liquidez cuando hubo una desaceleración económica.

Nunca pongas tu estilo de vida por encima del crecimiento de tu negocio.

Todo vuelve a algo que suelo decir mucho, pero que merece repetirse: cuando las cosas están bien, tendemos a olvidar que pueden ponerse mal. Uno de los errores más grandes que puede cometer un emprendedor es asumir que los buenos tiempos durarán para siempre. He atravesado tres grandes recesiones económicas y estar preparado es la única forma de campear esas tormentas.

Durante la recesión de 2008, mi compañía no fue tomada con la guardia baja. Nuestros ingresos cayeron en 10%. Por fortuna, sobrevivimos porque nos preparamos con antelación. Siempre tenemos efectivo o capacidad crediticia apartados, listos para la siguiente recesión. Y tú deberías tenerlo también.

Después, aborda la cuestión del financiamiento bancario. El primer paso es sencillo: obtenlo antes de necesitarlo.
No puedo remarcar esto lo suficiente. Trabaja para obtener
financiamiento bancario tan pronto como puedas tenerlo,
lo cual generalmente es fácil de asegurar cuando la economía es fuerte y a tu negocio le está yendo bien. No sólo
te da mejores oportunidades de obtener financiamiento en
los mejores términos posibles, sino que cuando las cosas se
desaceleren —lo que inevitablemente harán— vas a tener
efectivo a mano para salir ileso.

Además, buscar el financiamiento bancario cuando a
tu negocio le está yendo bien te permite sacar provecho de
esos factores que busca todo prestamista: flujo de efectivo
positivo, rendimientos y utilidades sólidas y consistentes,
entre otras cosas.

Presta atención a tu crédito personal, especialmente si
tu negocio es nuevo, con poca o nula actividad crediticia. El
factor dominante en muchas decisiones bancarias de prestar
dinero a los negocios es el historial crediticio personal de
los propietarios. Para impulsar tu historial crediticio, asegúrate de pagar a tiempo tus cuentas personales y mantener
una baja razón de deuda a crédito disponible en tus tarjetas
y líneas de crédito personales.

¡ESCUCHA! ||||||||||||||||||||||||||||||||||||||||||||||||||||||||||||||||||||||||||||||||||||||||||||||

No sólo vayas al banco a decirles que necesitas dinero. Entra
ahí como si supieras cómo pedir prestado y tuvieras un robus-
to plan de negocios. Asegúrate de tener un extenso panorama general de tus circunstancias actuales, específicamente
por qué estás pidiendo el dinero, así como una estrategia que

delinee tus planes futuros. Y no cometas el error de limitar la visión de tu plan a los próximos treinta días. En vez de eso, traza planes para los siguientes uno a tres años; mientras más larga y detallada sea tu solicitud, más favorablemente la verá tu prestamista.

||||||||||||||||||||||||||||||||||||||||||||||||||||||||||||||||||||||||||||||||||||||||||||||||||||||||||||||||||||||

Pero, como me gusta decir, no vayas tan lejos como para comenzar a beber tu propia bebida. Si, por casualidad, el escenario que le presentas a un prestamista es demasiado bueno como para ser sustentable, vas a estar fuera del negocio aun si obtienes el efectivo que buscas. Eso porque no podrás cumplir con ese agresivo nivel de obligación, es decir, no podrás costear el préstamo.

Esto es lo que yo hago y te sugiero que hagas también. En cada situación y en cada trato, analizo lo mejor que puede pasar, lo que es probable que pase y lo peor que puede pasar. Si haces eso —y siempre que tus números funcionen—, ten la libertad de ofrecer al banquero tu escenario de lo mejor que puede pasar.

Sin embargo, esta estrategia viene con algunas precauciones. Primero, y por sobre todo, no te mientas a ti mismo. Si los números dicen que no puedes manejar tu escenario de lo mejor que puede pasar, no te convenzas a ti mismo de que así sucederá, sin importar cuánto puedas necesitar el dinero. Tienes que estar absolutamente seguro de que tu mejor escenario es, de hecho, realizable. De otra manera, estarás conduciendo tu negocio directo a un precipicio.

Por otra parte, no ignores el valor de trazar un escenario de lo peor que podría pasar. Eso porque quieres tener la confianza de que seguirás en el negocio si cualquier cosa o todo sale mal. ¿Dónde estarás parado en la peor situación posible? Todo el mundo quiere asumir que todo va a salir bien, pero debes saber qué números estarás contemplando en caso de que las cosas salgan mal. ¿Qué harás cuando tengas la mitad del negocio que pensaste que ibas a tener?

Está perfectamente bien guardar tu peor escenario para ti mismo. Después de todo, quieres el dinero. Pero en el camino, no te mientas a ti mismo (ni al banco) ni quieras convencerte de que un cierto plan va a funcionar cuando los números dicen lo contrario. ¿Por qué? Porque, más tarde o más temprano, lo peor va a suceder y tú necesitas entender si vas a poder sobrevivir o no. Ochenta por ciento del tiempo, vas a caer en el peor escenario y no en el mejor, así que asegúrate de que tu negocio seguirá operando bajo las peores circunstancias.

Si te niegan un préstamo o una línea de crédito, no te rindas. Si todavía no tienes una, obtén una tarjeta de crédito empresarial. Eso no sólo puede ofrecerte alguna fuente de fondos necesarios, sino que usarla responsablemente te ayudará a construir el historial crediticio de tu negocio lo que, a su vez, podría ser de ayuda si tratas de obtener otra vez financiamiento bancario.

Sin importar los detalles específicos, recuerda que el capital de trabajo lo es todo. Un negocio que no cuenta con una fuente viable de efectivo está jugando con fuego, un día sí y el otro también.

Ésa fue mi preocupación con Nicole Di Rocco, de Nicolita Swimwear, una compañía que se presentó en *Billion Dollar Buyer*. Fabricante de un traje de baño único, una vez logró un contrato para abastecer a una tienda departamental, sólo para verlo derrumbarse después de que la tienda renegoció su contrato por un convenio neto de 90. Traducción: noventa días para que un comprador te pague. Mientras tanto, ella carecía de capital suficiente para tender un puente a través de la brecha y poder cruzarla.

Por fortuna, cuando conocí a Nicole, ella de inmediato reconoció su necesidad de tener capital de trabajo con el cual hacer crecer su negocio. En el tiempo que trabajé con ella, Nicole pudo expandir significativamente la línea de crédito de su compañía para sobrevivir durante ese periodo de espera de noventa días para que le pagaran. También obtuvo beneficios: aceptó un trato conmigo por valor de 175 000 dólares para trajes de baño con el objetivo de ser usados en mis resorts así como para su venta al menudeo. Todo porque rápidamente se dio cuenta de que, cuando se trata de hacer crecer un pequeño negocio, el capital de trabajo lo es todo.

 ## Los objetivos de Tilman

- El capital de trabajo es la sangre vital de cualquier negocio.
- Los préstamos y las líneas de crédito son dos excelentes fuentes de efectivo inmediato.
- Pide dinero prestado cuando los tiempos sean buenos, incluso si no lo necesitas.
- Traza un escenario de lo peor que podría suceder, que puedas guardarte para ti. Si todo sale mal, quieres tener la seguridad de que podrás seguir en el negocio.

CAPÍTULO 5

Las desventajas de alquilar
la propiedad

Todo emprendedor que comienza un negocio se enfoca
(o debe enfocarse) en las cosas usuales: producto, costos de
producción y mano de obra, marketing, entre otras.

Ésas son preocupaciones perfectamente válidas. Pero
hay otra cuestión que suele volar por debajo del radar de
atención de muchos emprendedores: el arrendamiento de la
propiedad.

A primera vista, ésa parece ser una preocupación relativamente menor. Después de todo, la propiedad no es
otra cosa que un lugar para operar el negocio. Si tienes un
lugar que se ajusta a tus propósitos, ¿de qué más hay que
preocuparse?

De mucho.

Esto regresa a un problema que mencioné en el capítulo
anterior. Cuando se está planeando para el futuro, es natural que los emprendedores tracen planes que esperan que
se realicen de manera total y según lo planeado, como un
mecanismo de relojería, un éxito completo e incondicional.
Más probablemente, ningún emprendedor en la historia de

los negocios ha comenzado jamás algo sin tener completa confianza de que la empresa avanzará y florecerá.

Pero igual es valioso trazar algún tipo de plan B, uno que sea significativamente menos exitoso. De nuevo, esto es algo que debes sentirte libre de guardar para ti mismo, aunque es esencial anticipar cómo estarán las cosas si, por casualidad, tu negocio lucha por o, aún peor, no logra sobrevivir.

Ahí es donde entra en juego el arrendamiento de la propiedad y no necesariamente de buena manera. Si tu negocio lucha o se hunde completamente, y decides rendirte (en mi opinión, algo que muchos negocios hacen de forma demasiado temprana, pero llegaremos a eso después), ¿qué pasa con la propiedad que estabas alquilando para el negocio?

Si no has sido proactivo, seguirás pagando. Eso es lo que puede pasar.

Piénsalo por un momento. Puedes estar pagando una cantidad relativamente pequeña como renta —digamos, 5 000 dólares al mes— con un contrato a cinco años. Si las cosas salen mal y te ves obligado a cerrar, todo se para en seco, excepto los pagos de la renta. Si has estado en el negocio por dos años y cierras, eso son 5 000 dólares mensuales por los siguientes tres años —180 000 dólares— que puedes tener que seguir pagando, aun cuando tu negocio haya desaparecido, todo porque el dueño no ha encontrado a un inquilino de reemplazo.

Lo que muchos emprendedores no toman en cuenta es que las rentas pueden compararse con un préstamo bancario. Independientemente de lo que pase, debes ese dinero, y el banco —o, en este caso, el dueño de la propiedad— va a asegurarse de que pagues.

Si tratas de negarte a pagar lo que debes, cuidado. Como cualquier prestamista, tu arrendador puede demandarte y apropiarse de cualquier activo que puedas tener. Tiene todo el derecho de cobrar lo que se le debe, como cualquiera que te preste dinero. Firmar un contrato de arrendamiento es exactamente igual a firmar un pagaré. Cuando pones tu nombre en el contrato, estás garantizando que pagarás lo que se debe por ese arrendamiento.

No es necesario decir que esta situación puede inhabilitarte financieramente por años. Por ejemplo, si cierras el negocio que estaba en una ubicación externa y tratas de seguir con él en tu casa o en tu garaje, seguirás teniendo la carga de pagar la renta por un espacio que ya no usas. ¿Estás pensando dar por terminado el viejo negocio y comenzar algo completamente nuevo? De nuevo, vas a tener que hacerlo con una carga financiera pendiendo por encima de tu cabeza; a menudo, una carga bastante significativa.

¡ESCUCHA! ||||||||||||||||||||||||||||||||||||||||||||||||||||||||||||||||||||||||||||||||||||||||||||||||||

Por fortuna, la situación no tiene por qué dar ese giro, pero necesitas conocer algunas estrategias antes de que firmes en la línea punteada. Primero, trata de negociar una cláusula que te permita cancelar tu arrendamiento si las proyecciones de rendimiento no han alcanzado cierta meta a los seis meses o un año del contrato.

||||||||||||||||||||||||||||||||||||||||||||||||||||||||||||||||||||||||||||||||||||||||||||||||||||||

Otra opción es una cláusula de penalización. Esto te da la opción de pagar para terminar tu contrato si tu negocio no está generando rendimientos suficientes para costear el gasto.

La desventaja es que una cláusula de penalización puede ser cara, tal vez tanto como cincuenta centavos por dólar de la cantidad que se adeuda por el resto del arrendamiento. Esto puede depender de las condiciones prevalecientes en el mercado y de cuánto confía el dueño en encontrar un nuevo arrendatario que tome tu lugar.

Como otra forma de protección, pon atención a la duración del arrendamiento. Primero, si apenas estás comenzando un negocio relativamente nuevo, un arrendamiento largo puede ser una mala idea: mientras mayor sea el plazo, mayor será tu responsabilidad si tu negocio no tiene éxito. La regla de oro general en términos de proteger tu responsabilidad es: mientras más corto, mejor.

Por supuesto, el dueño puede no ser muy entusiasta que digamos con respecto a un arrendamiento corto. Él o ella quieren tener la mayor seguridad posible, así que tratarán de amarrar a cualquier inquilino por el mayor tiempo posible.

Esto puede abordarse mediante un arrendamiento con opciones de término. Por ejemplo, aceptas un arrendamiento inicial por dos años, con más opciones para renovarlo cuando expire ese lapso; por ejemplo, dos o tres años más. Aunque esto les da a ti y a tu arrendador una flexibilidad extra, entiende que es probable que él o ella insistan en que cualquier opción adicional significará un aumento en tu renta mensual.

Si estás considerando las opciones de término, negócialas a tu favor. Por ejemplo, deja en claro en tu contrato de arrendamiento que tú eres quien tiene el derecho de ejercer las opciones de término adicional, lo cual significa que tu arrendador tiene que aceptarlo mientras tú cumplas con los requerimientos establecidos en los términos de arrendamiento.

Otra estrategia es asegurarte de que tienes la opción de encontrar a alguien más para subarrendar la propiedad en caso de que ya no la uses. En tal situación, alguien más toma efectivamente tu contrato, liberándote de cualquier responsabilidad financiera ulterior.

Para evitar problemas, asegúrate de que tu contrato diga que tu arrendador no puede negar injustificadamente el consentimiento para un nuevo inquilino que esté financieramente calificado.

Por supuesto, todo es parte de que hagas tu tarea antes de firmar un contrato de arrendamiento. Entérate de cuánto rentan propiedades similares, para asegurarte de que tu compromiso financiero es adecuado. Entiende todos los costos agregados al pago de la renta en sí mismo. Revisa cualquier aumento establecido en los pagos, así como tu obligación de contratar los servicios y otros gastos.

Finalmente, nunca es una mala idea trabajar con un abogado experimentado en bienes raíces para valorar estas y otras cuestiones. Eso puede hacer que tu arrendamiento sea un componente valioso de tu negocio en vez de una responsabilidad innecesaria.

 Los objetivos de Tilman

- Asegúrate de entender cómo salirte a tiempo de un arrendamiento, incluyendo las disposiciones de penalización, subarrendamiento y otras opciones.

- En general, busca un arrendamiento a corto plazo, idealmente con opciones de renovación que puedas elegir.
- Conoce todos los costos asociados con un arrendamiento.
- Trabaja con un abogado experimentado en bienes raíces comerciales para que te ayude a negociar el mejor paquete de arrendamiento posible.

CAPÍTULO 6

Conoce
tus números

Como puedes ver por mi programa *Billion Dollar Buyer*, así como por las ideas y temas que se cubren en este libro, hay muchas cosas que me gustan de trabajar con emprendedores. Tienen visión. Tienen valor. Están comprometidos con sus ideas y sus productos. Y tienen el coraje de seguir adelante cuando muchos otros estarían felices de tirar la toalla.

Pero hay algunas cosas que me molestan. Y nada me molesta más que un emprendedor que no conoce sus números.

Me molesta como el diablo.

Por números, quiero decir todo lo que tiene que ver con tu negocio. El costo de los suministros. El costo de producción. Los costos de mano de obra. Los costos de ventas. Los márgenes. No me tomaré la molestia de explicarlos. Deberías saber exactamente de qué estoy hablando. Y si no lo sabes, más te vale que lo descubras.

Como emprendedor, hay excelentes probabilidades de que conozcas —y ciertamente deberías conocer— todos esos números que son esenciales de entender. Pero en mi trato con todo tipo de emprendedores, constantemente me sorprende cuántos de ellos no conocen esos números como las palmas de sus manos.

En primer lugar, los números concernientes a tu negocio son la sangre vital de esa empresa. Te dicen todo lo que necesitas saber acerca de dónde ha estado tu negocio, dónde está ahora y, tal vez más importante, hacia dónde se dirige. Te ofrecen la lectura más valiosa y precisa de la totalidad de tu negocio.

Eso representa un maldito montón de cosas que ocurren sin la atención que necesitan si no conoces tus números.

Igualmente malo, aun los emprendedores que tienen una comprensión básica de sus números a menudo no los conocen con el nivel de detalle que deberían. Desde mi punto de vista, un emprendedor tiene que saber sus números hasta en sus puntos decimales. Por ejemplo, debe saber si sus costos de servicios verdaderamente son de 4%. Si sabes tus costos hasta la décima, al final del mes podrás ver dónde necesitas ajustar esos números.

Ese tipo de conocimiento específico te arma con la mejor información para tomar con confianza buenas decisiones, particularmente las difíciles.

 Conoce tus números. Los números no mienten.

Siempre tengo el objetivo diario y continuo de asegurarme de estar completamente familiarizado con todos los números que tienen que ver con mi negocio. Conoce tus números. Los números no mienten.

También hago de los presupuestos una prioridad cotidiana. Tengo presupuestos semanales y mensuales para rastrear lo que estamos haciendo, desde un punto de vista de rentabilidad. Incluso hago reportes diarios, a los que llamo mis "reportes relámpago", para cada uno de mis distintos negocios. Esos reportes relámpago me muestran la información más importante que me deja saber dónde estoy parado en todo momento. Saber cómo se está desempeñando tu negocio todos los días, desde un punto de vista financiero, es tan importante como vender tu producto.

Tú puedes y debes hacer lo mismo. Debes conocer cuál es tu pago de renta mensual, cuáles son tus salarios, tus costos de ventas y otros gastos operacionales conocidos y rastrear regularmente todos esos gastos junto con tus ingresos. En la medida en que tus ingresos sean mayores que tus gastos, entonces sabrás si estás ganando dinero y si estás o no dentro del presupuesto. Simple, pero es una parte clave de mi éxito.

No quieres sorprenderte treinta y cuarenta y cinco días después del fin de mes al darte cuenta de repente de que perdiste dinero. Tienes que saber exactamente dónde estás con un grado de certeza de 5 a 10%, en todo momento.

Conocer tus números es algo esencial, sin importar cómo se esté desempeñando tu negocio; y mientras más específico sea ese conocimiento, mejor. Si tu negocio está a la alza, debes saberlo todo acerca del ingreso y los gastos, hasta el mínimo detalle. Si no tienes un manejo sólido de los números de tu inventario, generales, personal y suministros, vas a descubrir que es mucho más difícil llevar tu negocio al siguiente nivel. Tus decisiones no serán tan sólidas, no podrás pensar con agilidad ni tomar rápidamente buenas decisiones, y puedes dejar pasar grandes oportunidades inadvertidamente, porque no sabes si tus números pueden manejarlas o no.

Los números son igual de vitales cuando tu negocio está luchando por sobrevivir. Si careces del conocimiento específico, quizá no puedas identificar los problemas que están frenando tu negocio. Peor aún, puedes decidir que un área particular de tu negocio es la culpable, sólo para descubrir después que tu falta de conocimiento acerca de tus números te llevó a algo que no era el problema en absoluto.

¿Cuándo haces ese descubrimiento? Con demasiada frecuencia, eso ocurre cuando le devuelves las llaves a tu arrendador poco después de cerrar tu negocio.

Saber tus números por dentro y por fuera no se detiene con los números en sí mismos. También es esencial ponerlos en perspectiva, para saber si tus números están donde deben estar.

Mencioné esto en el capítulo anterior, cuando hablé de obtener el contrato de arrendamiento más favorable que sea posible. Ahí, es crucial saber cuál es la tasa actual para una cierta cantidad de espacio, esto es, ¿qué es un buen trato? ¿Hay áreas en el pueblo o la ciudad donde está ubicado tu negocio en donde pagarás una prima por espacio?

Lo mismo va para tus otros números. Saber que tus costos de mano de obra deben estar en cierto rango. Los servicios nunca deben representar más de una cantidad específica. Estos y otros marcos de referencia te dan una perspectiva más amplia de cuáles son las partes de tu negocio que están en terreno sólido y dónde necesitas hacer algunos serios ajustes.

74

Conocer tus números es también un elemento crítico para tu presentación de ventas, independientemente de a quién le estés presentando. Si estás hablando con un banquero u otro prestamista, es mejor que conozcas tus números al derecho y al revés. Y si estás hablando con un socio de negocios potencial —como yo—, tu conocimiento de tus números deberá ser igual de minucioso.

Aun así, cuando estoy hablando con compañeros emprendedores, la conversación se desarrolla en la misma forma con demasiada frecuencia:

—¿Cuál es tu costo de mano de obra? —pregunto.

—Eh...

—¿Cuántos empleados tienes ahora?

—Once.

—¿Esos empleados pueden llevarte de 2 a 4 millones de dólares en ventas?

—Bueno...

—Sí entiendes que si pueden hacer eso efectivamente habrás recortado tus costos de mano de obra a la mitad, ¿verdad?

—Este... sí...

Y así sigue la cosa. ¿Los márgenes se están manteniendo, incluyendo los márgenes brutos y los netos? ¿Estás poniendo más dinero pero ganando sólo ligeramente más o el mismo rendimiento? A veces las respuestas surgen de la confusión en vez de la ignorancia, como mezclar los costos de mano de obra con los costos de arrendamiento, o combinar ambos equivocadamente.

Sin importar los detalles específicos, continuamente me impresiona cuán poco sabe la gente con respecto a la economía de su propia compañía. De hecho, cuando voy y conozco esas nuevas compañías, puedo decir, en tres minutos, si tiene idea de lo que están haciendo.

Todo esto hace surgir una pregunta: si puedo decir en un par de minutos si los números de un negocio se ven bien o no, ¿qué es lo que estoy viendo?

Comienzo con los rendimientos. Después, los costos de ventas. Enseguida vienen la mano de obra y otros gastos. Hay otras cuestiones a tener en cuenta, pero ésas son las principales.

Cuando se trata de números, la mayoría de los emprendedores asume que para ganar más dinero tiene que impulsar los rendimientos. Es verdad, pero no siempre. Por ejemplo, un negocio cuyos gastos de mano de obra son 25% inmediatamente se vuelve más rentable si esos costos bajan (un tema del que hablo todo el tiempo en *Billion Dollar Buyer*). Vender más puede no significar nada si tus costos siguen incrementándose, algo que tu conocimiento de tus números te ayuda a mantener bajo control.

Aunque este tipo de conocimiento y análisis —ser capaz de realmente sumergirte en tus números— es crítico para impulsar tu negocio y llevarlo al siguiente nivel, eso no significa que todos los emprendedores tengan que ser magos de los números. Si estás tratando de operar una compañía pero no puedes rastrear los costos y las ventas, haz una prioridad el contratar a gente que sí pueda hacerlo.

Es mejor que sean fuertes, porque sin ellos, no vas a sobrevivir. Es por eso que tus números significan todo. Trátalos así.

Los objetivos de Tilman

- Conocer tus números es la parte más esencial de ser capaz de llevar tu negocio al siguiente nivel.
- Haz una prioridad de los presupuestos y de los reportes relámpago diarios.
- Un conocimiento completo de los números también es crucial para cualquier presentación de ventas exitosa.
- Si no sabes o no puedes dominar tus números, asóciate con o contrata a alguien que sí pueda.

SECCIÓN 3
LA REGLA 95:5: ¿CUÁL ES TU "CINCO"?

Estar en los negocios puede involucrar todo tipo de fórmulas. Pero cuando se trata de hacer de tu negocio un éxito o una lucha continua, siempre uso una razón simple para asegurarme de estar prestando atención a lo que realmente importa.

¡ESCUCHA! ||||||||||||||||||||||||||||||||||||||||||||||||||||||||||||||||||||||||||||||||||||||||||||||||||
La llamo la regla 95:5. El desglose es simple. La mayoría de los negocios moderadamente exitosos suele ser buena en aproximadamente 95% de lo que hace. Es el restante 5% el que puede determinar si el negocio alcanza la excelencia o no.
||||||||||||||||||||||||||||||||||||||||||||||||||||||||||||||||||||||||||||||||||||||||||||||||||||||||||

He visto negocios luchar con esto una y otra vez. A menudo, no han identificado ese crítico 5%. En ocasiones se preocupan innecesariamente por su 95% que *sí está* funcionando. Otras veces conocen su 5% que no está funcionando, pero no saben qué hacer para cambiarlo. Tal vez se niegan a creer que ese 5% en particular sea tan importante. Ese 5% no sólo es importante, es absolutamente esencial. Y ese 5% puede aparecer en todo tipo de formas.

Puede parecer que 5% no es mucho, pero lo es. Los capítulos de esta sección te mostrarán cómo conocer tu 5% y saber lo que puedes hacer para que tu negocio llegue a la excelencia.

CAPÍTULO 7

Conoce
tu "cinco"

En la superficie, la razón 95:5 puede parecer completamente desequilibrada.

Lo he escuchado de todo tipo de emprendedores: ¿Cómo puede un mísero 5% ayudar o dañar tanto a mi negocio? ¿Cómo puede importar una parte tan pequeña, especialmente cuando casi todo lo demás está funcionando tan bien?

Créeme: importa.

Desglosemos lo que estamos discutiendo. Al hablar de 95%, me refiero a la parte de tu negocio que funciona bien. Puede referirse a la competencia central de tu negocio, sea servicio de alimentos, arquitectura del paisaje o cualquier otra actividad.

Por ejemplo, en el caso de mi red de restaurantes, 95% se refiere a la calidad consistente de la comida, la limpieza de los establecimientos y el desempeño del personal; en otras palabras, lo básico. Sé que nuestro personal está adecuadamente capacitado, nuestros menús están actualizados y son precisos, y el punto de venta y otros tipos de tecnología funcionan como deben. Ése es nuestro 95%, porque todos los sistemas y procedimientos necesarios están en su lugar.

El restante 5% es el que impulsa la diferencia real; el punto crítico que, cuando se aborda en forma apropiada y consistente, hace avanzar a nuestros restaurantes más allá de ese nivel de 95%.

Por desgracia, ese crítico 5% puede sufrir de muchas formas:

- Un mesero que trae una bebida sin servilleta. (Esto me saca de mis casillas cada vez que lo veo.)
- Una mesa para cuatro personas con una silla que no se corresponde con las otras tres.
- Una comida perfectamente preparada que se sirve en el tipo de plato equivocado.
- Ventiladores de techo que giran a diferentes velocidades.
- Basura y colillas de cigarrillos en el estacionamiento.

Pero ese 5% no siempre tiene que ser negativo:

- Puede significar saber los nombres de los clientes frecuentes.
- Puede significar saber dónde prefiere sentarse un cliente en particular.
- Puede significar saber si algunos clientes aprecian que se les pregunte con frecuencia si todo está bien mientras están comiendo o prefieren que se les deje en paz.
- Puede significar escoltar a un cliente a los sanitarios si no sabe dónde están.

Estas y otras cosas son a las que me refiero con ese 5%, esos elementos que, cuando se ejecutan bien, pueden distinguir tu negocio y ayudar a propulsarlo al siguiente nivel; o, al mismo tiempo, obstaculizar tu crecimiento si no se hacen bien o si se les ignora.

Estos y otros ejemplos muestran cuán difícil puede ser identificar ese 5%. Cuando un negocio está luchando por crecer, es comprensible que el propietario vigile los problemas más obvios: falta de flujo de efectivo, por ejemplo, o dolores de cabeza ocasionados por la producción.

Pero hay problemas que van más allá de lo obvio. Se han escrito historias sobre mí diciendo que puedo detectar un foco fundido a 120 mil metros en el cielo. ¿Por qué es eso? Porque cuando entro en mis negocios, presto atención y busco lo que está mal. Me he entrenado a mí mismo para ver las pequeñas cosas que importan. Esto vuelve locos a algunos de mis colegas, pero yo tomo sus quejas como cumplidos. Las pequeñas cosas realmente importan cuando se trata de llevar a un negocio de bueno a extraordinario.

A veces, el problema del 5% es algo que el negocio ha hecho por años. Quizás es la forma en que se comercializa, tal vez son los costos de producción que han sido innecesariamente altos, alguna estrategia o práctica que está usando porque, bueno, así es como lo ha hecho siempre. En un negocio con un 5% prolongado, se trata de una cuestión de hábito. ¡A menudo es el testimonio de la fortaleza del producto el que el negocio haya logrado seguir vivo! Los problemas del 5% que flotan por debajo del radar pueden ser así de graves.

En ocasiones, el 5% es un tema que un emprendedor o dueño de negocio saben que está ahí. El problema es que no saben qué hacer al respecto. Tal vez dicen: "Sabemos que nuestros costos son demasiado altos, pero no sabemos dónde más buscar nuestros suministros de producción". Otras veces, el problema es obvio pero de una naturaleza tan personal que cualquier acción para corregirlo parece ser más dañina que el problema en sí; piensa en el remate del chiste acerca del dueño de un negocio que sabe que debe despedir al idiota de su hijo: "Pero tengo que dormir con su madre".

Puede ocurrir que el 5% emane de la autocomplacencia, una actitud de 95% es lo suficientemente bueno. Bueno, ese 95% puede ser lo bastante bueno, pero el 5% restante que eliges ignorar puede significar la diferencia entre un negocio como todos y un negocio que realmente se destaque, un negocio que florece para convertirse en un negocio regional o nacional, contra uno que es pequeño y que está destinado a permanecer así.

¡ESCUCHA! ||||||||||||||||||||||||||||||||||||||||||||||||||||||||||||||||||||||||||||||||||||||||||||||

Estaciono mi auto y camino hacia un restaurante. Veo una lata aplastada de refresco o una botella rota de cerveza. A medida que me aproximo a la entrada, noto algunas plantas secas con colillas de cigarrillos y envolturas de caramelos cerca. Llego a la puerta principal. El vidrio está manchado, porque la recepcionista no lo limpia constantemente.

||||||||||||||||||||||||||||||||||||||||||||||||||||||||||||||||||||||||||||||||||||||||||||||||||||||||

Esas observaciones toman, cuando mucho, uno o dos minutos. Pero ya sé cómo será la experiencia en ese restaurante, incluso antes de cruzar la puerta. Te puedo decir ahí y en ese mismo momento si voy a tener un servicio brusco, una comida brusca, un todo brusco. Y apenas estoy cruzando la puerta principal.

Ése es el 5% del que hablo.

La cultura de siempre estar en busca del 5% es algo que he construido en todos y cada uno de mis negocios. Te sugiero con urgencia que hagas lo mismo. Debes apuntar a una cultura que ponga el 5% en primer lugar dentro de tus pensamientos, decisiones y acciones. No seas tímido ni cohibido de hacer que los demás sepan cuán crítico resulta esto.

Esta cultura debe permear tu negocio. Muéstrale a la gente con la que trabajas que el 95% que canturrea fluidamente no es lo que realmente importa cuando se trata de separarte de todos los demás, es el 5%. Siempre estás vigilando ese 5%, y ellos también deben hacerlo. El 5% es la atención a detalles potencialmente pequeños que un gran dueño de un negocio y su personal pueden no percibir, pero que un gran equipo rara vez ignoraría.

Haz que trabajen proactivamente en el 5%. Si operas un restaurante, di a tus meseros que vigilen los platos de sus clientes. Si alguien no ha probado su comida, deben notificar al gerente, que puede visitar la mesa y preguntar: "Noté que no ha probado su comida, ¿todo bien?". Esto es porque con frecuencia los clientes insatisfechos no dicen nada. Depende de ti dar el primer paso para revisar si hay un problema que necesita solución.

Lo mismo va para cualquier tipo de negocio. Si un cliente compra un producto caro, haz un seguimiento telefónico. Pregunta cosas como: "¿Todo está bien? ¿El producto es todo lo que usted esperaba?". Puede o no haber un problema. Pero un pequeño esfuerzo de tu parte muestra que sus intereses te importan y que estás listo para abordar cualquier problema que pueda surgir.

Una de las formas en que veo esto es en términos del termostato en una habitación. Si la habitación está demasiado caliente o demasiado fría, ajustas el termostato sólo un grado, tal vez dos, y eso cambiará el nivel de comodidad de la habitación.

Aplica ese concepto a tu negocio. Si hiciste sólo una mejora de 1% en el 5% que requiere de atención, piensa en los resultados que puedes lograr, como la habitación que se vuelve confortable debido a un ligerísimo ajuste en la temperatura. Así sucederá también con tu negocio: un cambio en apariencia pequeño puede tener un gran impacto.

Además, considera cómo ese 1 o 2% de diferencia puede ayudar a separarte de tus competidores.

Aborda la situación desde la perspectiva de los números. Un diferencia de 1 o 2% para mejorar en tu negocio puede no parecer mucho, pero puede traducirse en un significativo rendimiento extra que puedes destinar a la expansión de tu negocio o ayudar en la adquisición de un competidor.

También es esencial recordar que, a diferencia de la "pala" que mencioné en la introducción, tienes un completo control sobre ese 5%. El clima o un apagón están fuera de tus manos, pero ese importante 5% es algo que puedes abordar al levantarte cada mañana.

Este enfoque es sutil pero poderoso. No necesariamente estás buscando algún tipo de cambio mayor o turbulencia. Después de todo, si subes 10 grados el termostato de la habitación no vas a estar cómodo. ¡Más probablemente, estarás hirviendo! En la misma línea, bajarlo 10 grados puede dejarte tiritando. De cualquier forma, es totalmente ineficaz y contraproducente.

Lo mismo es verdad para tu negocio. Llevarlo al siguiente nivel abordando tu 5% es manejar los factores que pueden hacer que te distingas. Si consideras un cambio o solución drásticos, puedes afectar inadvertidamente parte del 95% que ya haces bien. En otras palabras, estarás arreglando algo que no está descompuesto.

Hay muchos ejemplos de negocios con productos geniales que no crecen tanto como podrían porque no le están prestando atención a su 5%. Por ejemplo, una gran cantidad de gente creativa y talentosa entra en el negocio sólo para ver que su lado comercial emerge como ese 5% que, en última instancia, causa que batallen por sobrevivir. (Más adelante en esta sección discutiré la importancia de equilibrar las fortalezas cuando eliges socios o compañeros de trabajo. Ésa es una estrategia clave para cualquiera que sea creativo, o cualquiera con una fortaleza o habilidad en particular: encontrar a alguien que complemente sus habilidades en vez de duplicarlas.)

Como dije antes, el 5% que lastima a un negocio puede venir de cosas en apariencia pequeñas e insignificantes. Por ejemplo, un volante que dice "en la esquina de Oak y Frost", en vez de "No. 225, Frost Boulevard". O un paquete de comida con una pequeña falta de ortografía en sus instrucciones.

Toma como un cumplido que tengas la habilidad de ver un foco fundido a una distancia de 120 mil metros. Eso significa que notas cosas en apariencia insignificantes que otros pueden pasar por alto y que pueden inhabilitar a un negocio por completo. Si eres la clase de emprendedor que tiene la virtud de detectar las cosas pequeñas, mantenla. Si no lo eres, asegúrate de asociarte con alguien que pueda hacerlo. De cualquier forma, siempre cuida los detalles.

¿De qué otra forma puedes estar por encima del 5%?

¡ESCUCHA! |||||||||||||||||||||||||||||||||||||||||||||||||||||||||||||||||||||||||||||||||||||

Escucha a tu socio, clientes, proveedores y a cualquiera que tenga una opinión sobre tu negocio. Pregúntales: "Si pudieras cambiar una sola cosa de lo que hace mi negocio, ¿qué cosa sería?" Y también presta atención a las reseñas y realimentación en línea.

|||||||||||||||||||||||||||||||||||||||||||||||||||||||||||||||||||||||||||||||||||||||||||||||||

Nunca pierdas de vista la perspectiva de tu cliente. Aquí te va lo que quiero decir con esto. El gerente de un restaurante llega al establecimiento antes de que oscurezca, entra y se queda ahí. Perfectamente bien, pero eso no le permite ver lo que los clientes ven cuando entran al estacionamiento después de ponerse el sol. Tal vez sea un letrero que no está encendido. Tal vez la basura se ha acumulado o alguien ha vaciado el cenicero de su auto justo en medio de un lugar de estacionamiento.

El punto es: no puedes olvidarte de experimentar tu negocio como lo hace un cliente. Por eso les insisto a todos los gerentes de mis restaurantes a llevar su trasero afuera y a darse una vuelta por la propiedad. Ver lo que un cliente ve puede impulsar tu manejo de ese crítico 5%.

Obviamente, no todos los negocios te permiten darte una vuelta por la propiedad. Pero trata de caminar en sus zapatos siempre que puedas. Pregúntales directamente cómo los trataron en tu negocio. ¿Qué notaron? ¿Fue algo que a sus ojos elevó tu negocio, o lo disminuyó?

Nunca seas autocomplaciente. No importa si tu negocio está triunfando o luchando, nunca descanses de vigilar ese importantísimo 5%. Porque cuando se trata de trabajar para lograr ese éxito que todo negocio desea, el 95% que está funcionando muy bien tiende a ocuparse de sí mismo. El 5% que no está funcionando puede terminar ocupándose de ti y no en la forma que todos quieren.

 Los objetivos de Tilman

- La regla 95:5: 95% de tu negocio puede estar operando bien, pero busca el 5% que está mal.
- No te vuelvas autocomplaciente: siempre vigila tu 5%.
- Ve tu negocio a través de los ojos de tu cliente.
- El 5% que daña tu negocio puede estar hecho de pequeñas cosas.

CAPÍTULO 8

Conoce y aprovecha tus fortalezas

Muchos consultores de negocios —y otras personas también— urgen a la gente a trabajar en fortalecer sus debilidades. El razonamiento es: al mejorar en lo que no haces especialmente bien, te convertirás en una persona mejor redondeada y capaz.

Yo no estoy en desacuerdo con esto. Todos deberíamos de trabajar para mejorar en las cosas en que no somos buenos. En mi caso sería una lista muy larga, y la tuya probablemente también lo sería.

Pero no te olvides de aprovechar tus fortalezas al mismo tiempo.

Me gusta decir que todos sabemos lo que sabemos y lo que no sabemos. Quizá no queramos admitirlo, pero la verdad sobre nosotros mismos suele ser clara. Muy en el fondo, reconocemos cuáles son nuestras fortalezas, además de esas habilidades que no se corresponden con nuestras capacidades.

Ese tipo de honestidad es importante si eres un emprendedor; o cualquier otra persona, por cierto. De hecho, uno de los errores más grandes que la gente comete es no ser capaz de admitir lo que no sabe.

Lo he visto por años y, más recientemente, en *Billion Dollar Buyer*. Me he topado con emprendedores y gente de negocios que están absolutamente convencidos de que son buenos en algo para lo que no lo son realmente. Algunos piensan que son buenos para el marketing, mientras otros están seguros de entender la necesidad de tener un flujo continuo de efectivo que les ayude a hacer crecer su negocio. Muchos se han convencido a sí mismos de que lo saben todo acerca de cómo escalar sus negocios.

Una de las cosas que siempre se me ha dado en forma natural es la habilidad de reconocer aquello para lo que soy bueno y aquello para lo que no. Como he dicho a veces, tengo que pensar cómo ponerle gasolina a mi auto. ¿Cambiarle el aceite? Me dejaría dar de latigazos antes de intentar hacer eso.

Un tipo puede desmantelar un motor y volverlo a armar, pero la mayoría no le tiene respeto por ser capaz de hacerlo. Pero para mí, es el tipo más inteligente del mundo. ¿El pintor que puede pintar una línea perfecta? Mi línea saldría para todos lados y por todo el lugar.

Sin embargo, puedo mirar un negocio y sus números y saber, en pocos minutos, si ese negocio tiene lo que se necesita para ser realmente exitoso. Eso es para lo que soy bueno, y lo sé.

Por eso le insisto a cada emprendedor que sea brutalmente honesto consigo mismo. Es crucial saber qué habilidades traerás a la mesa y cuáles son aquellas que te faltan. Sin esa honestidad, puede que no seas capaz de hacer crecer

un negocio en todos sus aspectos y a mantener ese crecimiento a través de un equilibrio de habilidades (más sobre
esto en el siguiente capítulo).

> Me cuesta ponerle gasolina a mi auto. Ni siquiera sabría cómo
> cambiarle el aceite. Pero puedes traerme un negocio que nun-
> ca antes había visto, y puedo decirte en tres o cuatro minutos
> si es un buen negocio, cuáles son sus números y cuánto vale.

Las personas —en especial los jóvenes emprendedores—
me preguntan constantemente si necesitan volver a la universidad para obtener una maestría. Mi respuesta es siempre
la misma: si necesitaras eso, lo sabrías. Sabrías si hacer negocios es algo que se te da naturalmente o si necesitas más
educación formal para llenar algunas de las grietas. Y para
mucha gente obtener una maestría es una forma de aumen-
tar su nivel general de habilidad y, de ahí, aplicarlo para
mover su negocio al siguiente nivel.

Volver a la escuela no significa automáticamente obtener una maestría. En un episodio de *Billion Dollar Buyer*,
Caitlin Picou, fundadora de Kismet Cosmetics, trabajó con
la escuela de emprendimiento en la Universidad de Houston
para crear y refinar un plan de negocios efectivo. Ciertamente puedes hacer lo mismo, porque hay muchos programas de
negocios en línea e *in situ* en todo Estados Unidos, donde los
emprendedores pueden volverse más versados en los trabajos y las estrategias del negocio sin tener que hacer compromisos de tiempo prohibitivos.

Pero regresar para obtener más educación no es sólo una
oportunidad de adquirir las habilidades de negocios que

puedan faltarte. También es una forma de afinar esas cosas en las que ya eres bueno.

Eso nos remite a la idea central de este capítulo: mejora aquello en lo que no eres particularmente bueno, al mismo tiempo apóyate en y construye sobre las fortalezas que sabes que sí posees. Si sabes que tienes el don de la creatividad, aprovéchalo en todo lo que vale. Por otra parte, si eres bueno con los números, por ejemplo, válete de esa habilidad.

A veces, una fortaleza ni siquiera puede ser una habilidad de negocios en particular. Por ejemplo, siempre estoy urgiendo a los emprendedores a que no se rindan bajo ninguna circunstancia. No admitas la derrota hasta que vengan a cerrar tu puerta principal con un candado. Llámalo necedad, llámalo confianza, pero ciertamente es una fortaleza. Si puedes ignorar a quienes se la pasan diciendo que no, a cualquiera a tu alrededor que diga que no tienes posibilidades de lograrlo, ésa es una fortaleza en la que puedes confiar.

Ocasionalmente, te topas con un emprendedor que no está seguro o segura de cuáles son sus fortalezas. Tal vez son demasiado modestos para señalar una fortaleza personal. O a lo mejor es al contrario: "¡Soy tan bueno en todo, que simplemente no puedo elegir una sola cosa!".

Aquí es cuando un poco de realimentación puede serte realmente útil. Pregunta a tus socios de negocios cuáles piensan que son tus fortalezas particulares (y, para evitar que eso se convierta en una fiesta de ego, ofrécete a describirles sus fortalezas). Quizás escuches lo que esperas, pero también puedes quedar agradablemente sorprendido, o incluso decepcionado. Escuchar esa información de boca de otra persona puede ser justo lo que necesitas para identificar las fortalezas que aportas al negocio.

¡ESCUCHA! ||||||||||||||||||||||||||||||||||||||||||||||||||||||||||||||||||||||||||||||||||||||

Cómo construyes mejor a partir de tus fortalezas depende de cuáles son. Para algunos, eso puede significar volver a la universidad y obtener una maestría en negocios. Para otros, puede ser volverse conscientes de lo que hacen bien y asegurarse de llevar esa fortaleza a su negocio. No tengas miedo de dejar que otros sepan en qué tienes confianza. Como ejemplo, si eres un adepto a analizar los números y el tipo creativo en tu grupo no ve lo que tú ves, encárgate tú de eso para que tu negocio se beneficie de lo que mejor sabes hacer.

||||||||||||||||||||||||||||||||||||||||||||||||||||||||||||||||||||||||||||||||||||||||||||||||||||||||

Sin importar los detalles específicos, un negocio no florecerá si ignora sus fortalezas. Es genial volverte mejor en aquello en lo que no eres particularmente bueno, pero aprovecha también todo lo que haces bien. Después de todo, ésa fue la razón de que entraras al negocio en primer lugar.

Los objetivos de Tilman

- Trabaja en tus debilidades, pero también asegúrate de trabajar en tus fortalezas.
- Pide a tus socios que describan cuáles piensan que son tus fortalezas.
- Si tienes una fortaleza, construye a partir de ella. Apóyate en ella. No temas aceptar y utilizar tu fortaleza por el bien del negocio.

CAPÍTULO 9

Asóciate con fortalezas complementarias

———— ⚬⚬⚬ ————

¿Cuál es una fórmula infalible para fracasar en un negocio?

Mucha gente respondería a eso diciendo: "Entra en un negocio con un miembro de tu familia o con tu mejor amigo".

No sé si estoy completamente de acuerdo. Admito que no hay mejor forma de perder un amigo o a un ser querido que comenzar un negocio juntos, sólo para verlo tropezar. Pero, en *Billion Dollar Buyer*, he descubierto muchos negocios prometedores que son operados por amigos y por miembros de una familia. Para mí, no es tanto qué etiqueta va con una persona en particular —amigo, hermano, lo que quieras—, sino lo que traen a la mesa.

Eso destaca lo que creo que importa más. Cuando se trata de tener éxito en los negocios, es mucho más importante asociarte con gente que posea fortalezas complementarias.

He aquí lo que veo con demasiada frecuencia: tú y dos de tus mejores amigas han trabajado juntas en una cocina por varios años. Todas se saben la cocina al derecho y al revés. Deciden poner un negocio, como socias.

Es genial que todas sean fuertes con respecto a cómo opera una cocina, pero sería mucho mejor si una de ustedes conociera de cocina, otra supiera de finanzas y la tercera entendiera de administrar el negocio.

Si lo piensas, tiene sentido. Si te asocias con gente que tiene fortalezas complementarias en vez de las mismas fortalezas, están cubriendo tantas bases de tu negocio como sea posible. Si hay un problema en la cocina, una de las tres tiene que manejarlo. Si obtener verduras frescas es cada día más caro, la persona de los números puede encargarse de ello. Lo mismo va para la administradora del negocio: si las reservaciones o los horarios se están duplicando o son confusos, la amiga con conocimiento de administración del negocio puede lidiar con esos problemas.

Por desgracia, ésa no es la forma en que muchos emprendedores comienzan un negocio. Con demasiada frecuencia se asocian con amigos sin pensar ni por un momento quién es bueno en qué. Sólo saben que se caen bien, que comparten los mismos sueños, y están comprometidos en construir un negocio que los entusiasma.

No hay nada malo en eso. Pero si lo contemplas desde el punto de vista de las fortalezas, realmente estás incapacitando tu negocio desde su mismo comienzo. Por ejemplo, si ambos son buenos con los números, ¿quién va a tomar la estafeta si tienen problemas de entrega? ¿Quién será el responsable de evaluar la realimentación de los clientes y abordar los problemas?

Si todos los que están involucrados en un negocio tienen habilidades idénticas o incluso similares, esto puede llevarles a tener grandes dolores de cabeza. Pero esos y otros problemas parecidos pueden ser manejables si el liderazgo del negocio tiene distintas habilidades y fortalezas.

Esto no sólo es cuestión de división de responsabilidades. Nos remite a lo que mencioné en el primer capítulo acerca de aprovechar tus fortalezas. Asociarte con alguien que tiene fortalezas y habilidades diferentes permite que todos los involucrados pongan en juego esas fortalezas, en vez de tratar de hacerse líos para abordar problemas y retos que no se corresponden con sus habilidades.

Tampoco es estricta la regla de "nunca hagas negocios con amigos". Nada de eso. Algo que enfatizo es hacer amigos en los negocios porque ellos serán los únicos que estarán ahí para ti cuando realmente los necesites.

También es importante reconocer y apreciar las fortalezas que cada quien aporta a un negocio. Es un error asumir que las habilidades de una persona son más "importantes" que las de otra. Como dije antes, admiro a aquellos que pueden desarmar el motor de un auto y volverlo a armar. ¡Admiro a quien puede cambiar el aceite de un auto de forma rápida y eficiente! ¿Desprecio esas habilidades como si fueran menos que mi habilidad para analizar los números de un negocio? Absolutamente no. Y si tú lo haces, no sólo estás menospreciando el valor que cada habilidad aporta a un negocio, sino que también estás degradando las habilidades de los demás.

 Nunca te asocies con alguien que tiene el mismo conjunto de habilidades que tú.

A veces, cuando un negocio no está integrado por personas con diversas habilidades eso puede ser evidente muy pronto.

Tal vez tienen un gran producto con un gran marketing, pero la producción y la entrega están cortando al negocio por las rodillas. Eso es un signo claro de que alguien en la mezcla no tiene las habilidades necesarias para hacer que el negocio tenga un buen desempeño.

En ocasiones, los signos no son tan transparentes. Tal vez un negocio que carece de una persona de números lo hará bien por un tiempo, sólo para ver que los costos se amontonan lentamente y estrangulan el flujo de efectivo.

La buena noticia es que la noción de un negocio integrado por gente con habilidades y fortalezas similares no tiene que estar escrita en piedra. Si eres hábil en un trabajo particular pero sabes que a tu equipo le falta talento en un área en particular, no seas tímido y trae a alguien nuevo a bordo que pueda encargarse de esos agujeros.

Eso no sólo se encarga de una capacidad o una habilidad que le falta a un negocio, sino que también permite que todos los demás hagan lo que más beneficia al negocio: conocer sus fortalezas y aplicarlas al máximo.

Eso fue lo que hice hace varios años cuando me asocié con la gente detrás de Catch, un restaurante fantástico con sucursales en Nueva York y en Los Ángeles. Lo que mis socios Eugene Remm y Mark Birnbaum han hecho, probablemente mejor que nadie en la industria, es cambiar con las tendencias y los tiempos. Han creado un entorno, un ambiente, una atmósfera y una energía mejores que los de cualquier otro restaurante en la industria. Eso, además de tiener excelente comida, excelente servicio y excelentes locaciones.

Lo que no tenían era la experiencia y el conocimiento en los negocios para aprovechar plenamente ese éxito. Les faltaban sistemas para crecer, así como el capital requerido para sustentar ese crecimiento. Estaban listos para dar un salto de fe y reconocieron que necesitaban a alguien con experiencia en desarrollo y crecimiento, que además tuviera el capital para dirigirlos en la dirección correcta.

Me asocié con ellos al 50/50; yo era propietario de 50% y el resto se dividía entre ellos dos. ¿Por qué? Porque reconocí que sus egos no habían interferido para que ellos admitieran que necesitaban que alguien se hiciera cargo de esos problemas y retos. Sabían que necesitaban a alguien como yo para ayudarles a llegar a la tierra prometida.

Sabían en qué eran buenos y en qué no, y no dudaron ni un segundo en encontrar a alguien que aportara las piezas faltantes.

Al entender que necesitaban asociarse con alguien que tuviera diferentes habilidades y percepciones, me demostraron cuán inteligentes eran.

 Los objetivos de Tilman

- Asóciate con personas cuyas habilidades complementen las tuyas.
- Haz de tus amigos en el negocio tus amigos personales.
- Si sabes que a tu negocio le hace falta un cierto conjunto de habilidades, trae a alguien que pueda llenar ese vacío.

VE LA OPORTUNIDAD, TOMA LA OPORTUNIDAD

Cada emprendedor exitoso es, más o menos, un oportunista. Y lo digo en el mejor sentido de la palabra.

Un emprendedor ve la oportunidad construyendo un negocio que está enfocado en algo diferente a lo que los demás están haciendo. Tal vez mejora un producto existente. A lo mejor toma un producto existente y se le ocurren nuevas y frescas formas de usarlo. Sin importar los detalles específicos, cada emprendedor busca construir un negocio que capitalice en la oportunidad que él o ella pueden ver.

Pero algunos emprendedores van más allá. En primer lugar, muchos emprendedores capturan la oportunidad en circunstancias que para todos los demás no parecen ser una oportunidad en absoluto. Como lo compartiré en el siguiente capítulo, soy uno de los emprendedores que fue lo bastante afortunado —y lo bastante oportunista— para aprovechar al máximo una situación plagada de caos y confusión.

Después tenemos otro tipo de emprendedor, uno que reconoce que incluso las más grandes ideas y conceptos de negocios no necesariamente son un éxito de la noche a la mañana. Pueden ver que algunos negocios tardarán en crecer y prosperar, y que dependerá de ellos el tener la confianza y la convicción para defender su visión.

Yo me refiero a ellos como los emprendedores "todavía no". Lo que ven no es menos real que el éxito inmediato, pero el éxito se tomará su tiempo para ocurrir.

Eso nos ofrece a todos nosotros una lección de persistencia, una caracterizada por paciencia, compromiso y, tal vez lo más importante, por la comprensión de que el éxito toma tiempo y perspectiva. Tienen tanta confianza como el emprendedor más impaciente de que el éxito viene en camino.

Sólo que todavía no.

CAPÍTULO 10

Una prórroga de cinco años

Si quieres hablar de ser un oportunista —acerca de aprovechar al máximo una situación donde no parecía haber oportunidades a la vista—, déjame remontarte a la década de 1980 en Houston, Texas.

Cuando tenía veintitantos años, más o menos en la época en que estaba experimentando cierto éxito en los negocios, había cientos de bancos en Houston. En muchas formas, era un mercado de compradores para las compañías que necesitaban financiamiento. Con tantas instituciones compitiendo entre sí para hacer negocios, era un gran momento para que los emprendedores buscaran fondos y otro tipo de asistencia financiera para comenzar o hacer crecer una compañía. Los bancos y los prestamistas estaban peleando con uñas y dientes por cada trozo de negocio del que pudieran echar mano.

Yéndonos un poco más hacia atrás, a la década de 1970, Texas tenía más bancos que cualquier estado en la Unión Americana. No sólo el negocio del petróleo estaba en auge, sino que los legisladores locales habían limitado la competencia externa prohibiendo que cualquier prestamista de fuera del estado hiciera negocios aquí. Eso formó un mercado cerrado y competitivo.

Pero eso no duró. Después de que se retiraron los embargos en la década de 1980, el precio del petróleo se disparó. Ansiosos por tensar la soga, los bancos comenzaron a desviar su atención de la industria petrolera para fijarla en el mercado de los bienes raíces comerciales. Pero después de que se eliminaron los incentivos al mercado inmobiliario, esa porción de la cartera de los bancos también comenzó a derrumbarse.

Las ondas expansivas fueron enormes. De 1980 a 1989, 425 bancos comerciales texanos fracasaron. Eso incluyó a nueve de los diez más grandes. Tan sólo en 1988, 175 bancos de Texas se desplomaron, lo que representó 47.3 mil millones de dólares, cerca de 25% de todos los activos bancarios del estado.

Tenías bancos colapsados por todo el tablero. Todos los ahorros y los préstamos fracasaron. Cada martes, la FDIC (Federal Deposit Insurance Corporation) venía y cerraba tres o cuatro más bancos en la ciudad. Casi podías sincronizar tu reloj con eso.

La situación continuó por dos años.

Fue algo horrible de presenciar, y también dio como resultado un enorme giro en la industria bancaria, que estaba menguada y consolidada. Por eso hoy tenemos bancos con billones de dólares en activos, que son demasiado grandes para fracasar, porque el gobierno entró al rescate y los ayudó a apoderarse de otros bancos. Básicamente, son agregados de todos los bancos que existían entonces.

Cuando todo terminó, después de que el mundo básicamente se derrumbó, cada banco de Houston había caído, salvo cinco o seis. Y como dije antes, todos los ahorros y los préstamos fracasaron.

En ese tiempo no me di cuenta de cuánto aprendería de la experiencia; una de las lecciones más útiles que he recibido. En mi caso, tenía préstamos en ocho o nueve bancos diferentes, por un total de unos 2 millones de dólares. Como muchas otras personas, me hacía líos y cerraba tratos cuando y como podía. Seguí peleando y peleando. Conseguí tratos de pago de sólo interés en algunos bancos y préstamos consolidados en otros. Era un interminable acto de malabarismo. Yo estaba tratando de mantenerme vivo, y algunos días el pronóstico no se veía especialmente bueno.

De hecho, una vez intercambié relojes con mi abogado Steve Scheinthal en el elevador de camino a hablar con unos banqueros. ¡Pensé que era mejor que el tipo que estaba pidiendo un préstamo usara un pequeño reloj de pulsera Seiko en vez de un lujoso Rolex de oro!

Pero la situación funcionó a su manera. En términos simples, cada banco con el que estaba haciendo tratos fracasó. Como resultado, no tuve que pagar ninguna deuda; no había nadie a quién hacerle los pagos.

Así que resultó que la burocracia y la mecánica de la banca y el gobierno trabajaron a mi favor. Dado todo el tiempo y energía requeridos para cerrar todos los bancos y reubicar todos los fondos, ¡les tomó cinco años encontrarme! Tenían problemas más grandes de los cuales preocuparse.

Me dieron una invaluable prórroga de cinco años, durante los cuales tuve bastante más efectivo con el cual trabajar, porque no estaba pagando los préstamos. Y en ese periodo de cinco años construí sucursales de Landry's en Galveston, Corpus Christi, San Antonio, Kemah y Dallas.

Una oportunidad de éxito nada mala cuando todo lo demás parecía estarse yendo derecho al infierno. Y el hecho de que tuviera negocios con flujo de efectivo aseguró mi crecimiento, mientras que otros estaban luchando porque operaban con base en cuentas por cobrar (donde tienes que esperar para que te paguen).

Aun cuando esa ventana de cinco años me dio la oportunidad de seguir adelante, eso no es decir que la cosa fue fácil. Encontrar fondos para pagar el tipo de expansión que yo quería lograr fue increíblemente difícil. Usé tarjetas de crédito, dinero en efectivo, renta de equipo y casi cualquier otra cosa de la que pude echar mano. No podía recurrir a ningún banco porque, esencialmente, no había bancos a los cuales recurrir.

Cualquier dinero que pudiera encontrar para financiar mi negocio tuve que reunirlo poco a poco por mí mismo. Como el financiamiento había estado muy disponible no mucho tiempo antes, la lucha para rastrear lo que necesitaba fue a la vez excitante y aterradora; excitante porque yo había divisado una oportunidad y estaba tratando de aprovecharla al máximo, y aterradora porque aprovechar la oportunidad implicaba entrar en un campo de juego totalmente nuevo.

Por supuesto, mi respiro de cinco años no duró para siempre. La FDIC eventualmente dio conmigo. Y sin embargo, fue un gran trato. En 1991, accedieron a renunciar a todos los cargos por interés sobre lo que les debía. Les hice un cheque por 2 millones de dólares y hasta ahí. Fue un dinero libre de intereses por cinco años.

Naturalmente, esa situación involucró un buen grado de suerte de mi parte. Como el gobierno tenía jugadores más grandes que yo en los cuales enfocarse, tuve la fortuna de que les tomara tanto tiempo valorar mi situación. Yo no era lo bastante grande como para estar en el frente de la fila.

Pero esta historia es también un gran ejemplo de reconocer una oportunidad y aprovecharla al máximo. Como el mundo financiero se estaba yendo al diablo, hubiera sido comprensible que me entrara el pánico, asumiera que las finanzas nunca volverían a ser lo mismo y aventara la toalla. Podías ver evidencia de ello en todas partes. Los edificios de departamentos se dejaron a medio construir. Los edificios de oficinas permanecieron vacíos. Los proyectos residenciales habían puesto caminos, pero no había casas construidas. Era aterrador y deprimente, y hubiera sido fácil rendirse, especialmente si querías crecer, como yo quería. Pero casi no había bancos a los cuales recurrir.

¡ESCUCHA! ||||||||||||||||||||||||||||||||||||||||||||||||||||||||||||||||||||||||||||||||||||||||||||||

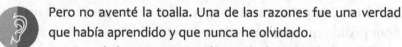

Pero no aventé la toalla. Una de las razones fue una verdad que había aprendido y que nunca he olvidado.

Cuando las cosas van mal, a menudo tenemos la tendencia a olvidar que de nuevo se pondrán bien. Más aún, cuando las cosas van bien, olvidamos que se pondrán mal de nuevo. Debes prepararte para ambos tipos de situación, porque ambos vienen hacia ti, más tarde o más temprano.

||||||||||||||||||||||||||||||||||||||||||||||||||||||||||||||||||||||||||||||||||||||||||||||||||||||||||

Concedido: ése era un entorno extremo en el que definitivamente era difícil mantener la fe. Cuando menos, haber visto
a cientos de bancos quedar fuera del negocio y ver el colapso de todo tipo de negocios como resultado no era fácil
estar alerta y esperar que las cosas mejoraran. Por fortuna,
fui capaz hacerlo.

De nuevo, tener negocios con flujo de efectivo donde los
clientes pagaban ahí mismo —ordena tu comida, paga por
ella— me ayudó cuando la economía tuvo problemas. De
hecho, cada vez que había un hipo en la economía, yo crecía
porque tenía el efectivo a la mano para capitalizar cuando
mis competidores no lo tenían. Si la tuya es una operación
de flujo de efectivo, puedes hacer lo mismo; sólo asegúrate de
acumular tanto dinero como puedas cuando las condiciones
sean buenas.

Si tu operación no es de flujo de efectivo, puedes no darte cuenta de que las cosas están mal hasta treinta, sesenta o
noventa días después de que enviaste tu última factura, así
que necesitas esforzarte todavía más para acumular efectivo
o contar con una línea de crédito revolvente para tener acceso al dinero durante los malos tiempos. Entonces, cuando
todos tus competidores no tengan el efectivo para hacer un
gran pedido que pudiera salvar su negocio, tú tendrás acceso al dinero para capitalizar y tomar ese negocio o comprar
a tu competidor. Como dije en un capítulo anterior, cuando
las cosas se ponen mal, cómete al débil y haz crecer tu negocio, pero para eso se necesita dinero en efectivo.

En retrospectiva, la crisis bancaria fue sólo una conti-
nuación natural de un patrón de éxito y lucha. Antes de que
el colapso bancario tomara el control, la gente de Houston

y de todo Texas disfrutaba de genuinos tiempos de auge. La construcción progresaba, y las membresías de clubes caros se dispararon. Autos caros llenaban las calles y los jets privados estaban listos para viajar enseguida.

En esa época, ¿hubo mucha gente que olvidó que así como los malos tiempos no duran para siempre los buenos tampoco continúan por toda la eternidad?

Pienso que muchos de ellos lo olvidaron. Pero yo estaba decidido a no caer víctima de tal mentalidad.

Ésa es la clase de perspectiva que puede ayudar a un emprendedor a detectar una oportunidad, sin importar las circunstancias actuales. Independientemente de si las cosas están bien o mal, la mayoría de nosotros tiene la tendencia de asumir que lo que está sucediendo ahora seguirá así para siempre. Deberíamos saberlo mejor, pero muchos de nosotros lo hacemos de todas formas.

Por eso es que, como emprendedor, siempre es crucial ver la imagen completa. La perspectiva lo es todo. Nunca te olvides del vaivén de los buenos y los malos tiempos. Habla con tus socios, empleados, asesores, clientes y otras personas para ampliar tu visión. ¿Qué pueden aportar para ayudarte a entender la situación en forma más completa? ¿Ven signos positivos o pistas de alguna oportunidad? Casi cada entorno, sin importar cuán loco o caótico pueda parecer, contiene una oportunidad para aquellos que están dispuestos a respirar profundo y tratar de ver lo que para otros puede pasar desapercibido.

La experiencia con los bancos también me enseñó otra valiosa lección con respecto a la oportunidad, que ya discutí antes, en el contexto de tener suficiente capital de trabajo.

Pedir prestado cuando no lo necesitas, porque cuando lo necesites, a lo mejor no podrás obtenerlo. Ésa fue una lección de oportunidad que pagó con creces más adelante.

Hace algunos años, los bancos me lanzaban dinero. Decidí pedir prestado, aun cuando en ese momento no necesitaba el dinero y, al hacerlo, elevé mucho mis costos de intereses. Pero de pronto, un gran casino en construcción en Lake Charles, Louisiana, estuvo disponible. Pude actuar más rápido que todos los demás para adquirirlo, porque tenía el efectivo.

Esta historia ilustra también que la oportunidad está ahí, sin importar cuán grande o pequeño pueda ser tu negocio. Durante la crisis bancaria, yo era el pez pequeño que pudo ser ignorado por algunos años, mientras los reguladores bancarios se ocupaban del pez más grande del estanque. Así que resulta que mi tamaño trabajó a mi favor.

Toma eso como lección para tu propio negocio. Incluso si eres pequeño, todavía puedes divisar grandes oportunidades que puedes aprovechar para construir tu negocio. En mi caso, esa oportunidad se me dio porque yo era relativamente pequeño. Y como un negocio pequeño puede reaccionar más rápidamente que muchas operaciones más grandes, estás en una mejor posición para aprovechar con rapidez una oportunidad que veas.

¡ESCUCHA! ||||||||||||||||||||||||||||||||||||||||||||||||||||||||||||||||||||||||||||||||||||

Siempre recuerda que las grandes oportunidades surgen en los malos tiempos.

||||||||||||||||||||||||||||||||||||||||||||||||||||||||||||||||||||||||||||||||||||||||||||||

Los objetivos de Tilman

- La oportunidad siempre está ahí, sin importar cuáles puedan ser las condiciones actuales.
- Cuando los tiempos son buenos, tendemos a olvidar que en algún punto se van a poner mal.
- Pide prestado dinero cuando no lo necesites, y reúne efectivo cuando los tiempos sean buenos, para que puedas tomar ventaja cuando los tiempos sean malos.
- Divisar una oportunidad requiere de paciencia. Siempre habrá otro trato.

CAPÍTULO 11

"Me pregunto si alguna vez tendré una compañía que facture 10 millones de dólares en ventas"

Sí, la cita es mía.

Puedo recordar claramente tener veintidós o veintitrés años y preguntarme en voz alta si alguna vez llegaría a ser la cabeza de una compañía que facturara 10 millones de dólares en ventas.

También recuerdo, algún tiempo después, cuando me preguntaba acerca de 20 millones de dólares. Después, 40 millones de dólares. Después, 100 millones.

Captas el concepto.

En esa forma, yo era casi como cualquier emprendedor viviente. Soñaba con ser exitoso y después construir sobre ese éxito.

Si no tienes esa clase de sueño, puede que no seas un emprendedor. Como regla, los emprendedores son soñadores de corazón. Si no lo fueran, probablemente se conformarían con ganarse la vida como un empleado, como todo el mundo.

Pero el tipo de sueños que permite a los emprendedores detectar la oportunidad debe manejarse con cuidado. Sueña, pero conserva la perspectiva; siempre busca y trabaja por algo más grande y mejor, pero comprende que, con frecuencia, los sueños se construyen con pasos relativamente pequeños a lo largo del camino.

Por otra parte, los sueños que se salen de control pueden entorpecer o hacer tropezar hasta al más dotado y capaz de los emprendedores.

¡ESCUCHA! ||||||||||||||||||||||||||||||||||||||||||||||||||||||||||||||||||||||||||||||||||||||||||

Aprende a ser paciente. No es lo más fácil para muchos emprendedores agresivos.

||||||||||||||||||||||||||||||||||||||||||||||||||||||||||||||||||||||||||||||||||||||||||

Eso no es decir que soñar sea malo. En realidad, es esencial para cualquiera que trabaje para tener éxito. Pero la perspectiva lo es todo.

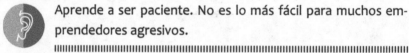

Estás tratando de correr una maratón, y ni siquiera me has demostrado que sabes gatear.

Mi propia historia es un ejemplo de lo anterior. El alcance actual de mis intereses de negocios es enorme, desde los deportes profesionales a los restaurantes, al juego y el entretenimiento.

Pero me ha tomado treinta años llegar aquí. Y sí, fui tan culpable como cualquier otro emprendedor cuando se trataba de soñar en grande. Sin embargo, siempre supe que construir los sueños es algo que se hace en forma sistemática, con un ojo continuo para detectar la oportunidad, pero también una comprensión de que la oportunidad exige paciencia y un compromiso a largo plazo.

Lo supe desde el principio. Me aseguré de estar posicionado para aprovechar al máximo cada oportunidad que identificaba, tanto financiera como logísticamente. Pero nunca consideré ningún éxito como el Gran Sueño hecho realidad, ese golpe de nocaut en mi pelea por ser exitoso. Eran sólo pasos en el camino; cierto, algunos más grandes y más significativos que otros, pero pasos al fin y al cabo.

Una oportunidad significativa sobre la que capitalicé ocurrió cuando hice pública mi compañía restaurantera, el 14 de agosto de 1993. A principios de la década de 1990, muchas cadenas de restaurantes —Outback Steakhouse, The Cheesecake Factory y otras— estaban haciéndose públicas, cotizando en la bolsa de valores. Era una nueva moda entre los restaurantes tener acceso a los mercados públicos; todo el mundo parecía estar haciendo una oferta pública inicial (OPI). Yo vi que ahí había una gran oportunidad para obtener fondos, e hice lo mismo.

Cuando desperté el 15 de agosto de 1993, el día después de mi OPI, mis acciones personales en Landry's tenían un valor de más de 100 millones de dólares. Entre 1993 y 2002, Landry's regresó al mercado público cinco veces más, con ofertas de acciones de seguimiento, y recaudó más de 400 millones de dólares para propulsar nuestro explosivo crecimiento. Esto es algo muy difícil de hacer, a menos que estés cumpliendo todas tus promesas a tus inversionistas y experimentando un tremendo éxito comercial.

Con todo el capital recaudado, Landry's creció de aproximadamente 30 millones de dólares en ingresos en 1993 a más de mil millones de dólares en ingresos para 2004.

Pero aún no estaba satisfecho. Tenía el deseo ardiente de expandir el imperio comercial de Landry's. ¿Sabes cuántas comidas de camarones de 10.95 dólares tiene que vender un restaurante para pagar su renta? Como le dije a mi equipo de administración, el negocio de los restaurantes es uno de los más difíciles para lograr la excelencia. Tienes que tomar múltiples productos crudos que llegan a tu puerta trasera y convertirlos en algo que puedas vender a tus clientes, algo de alta calidad y en forma consistente. Mientras tanto, los minoristas toman el mismo producto y revenden la misma mercancía sin tener que hacerle nada y con mucho menos personal. Y los casinos tienen máquinas tragamonedas. No hay producto que vender. Las máquinas tragamonedas son como un banco donde la gente hace depósitos, ¡pero no tienes que regresarle todo su dinero!

Yo había estado visitando Las Vegas con mi familia por años y sabía que Landry's se estaba perdiendo de una tremenda oportunidad si no entrábamos en el negocio de los casinos. Así que en 2004, Landry's realizó el mayor financiamiento bancario y de bonos jamás hecho en Wall Street por una compañía restaurantera en ese tiempo, y se alzó con más de 800 millones de dólares. Con el dinero en la mano, tomamos la oportunidad de comprar el Golden Nugget en Las Vegas.

Como el antiguo grupo propietario no tenía suficiente capital de trabajo, cuando yo aparecí con 340 millones de dólares en la mano fue fácil para ellos decidir venderme el

Golden Nugget. Después de que Landry's invirtió otros 180 millones en la propiedad del casino, la marca resucitó y, con cuatro casinos y hoteles Golden Nugget construidos durante los siguientes diez años, ahora es uno de los nombres más reconocidos en la industria de los casinos.

Pero como me gusta decir, cuando las cosas van bien, nunca te olvides de que pueden ir mal. Ése fue el caso con todas las acciones, incluyendo las de restaurante y casino, allá en 2008 y 2009, cuando la crisis financiera golpeó a Estados Unidos. El precio unitario de las acciones de consumo se disparó por todo el tablero a medida que los múltiples se contraían (el precio de una acción comparado con sus ingresos reales).

Malas noticias para algunos, pero una oportunidad para mí. De nuevo, cuando las cosas están mal, tendemos a olvidar que volverán a ponerse bien. Como el precio de las acciones de Landry's había caído a una cifra ridículamente baja, y debido a mi efectivo para los días de lluvia y a los conocidos de negocios que se habían convertido en amigos, fui un toro y me apropié de la oportunidad, comenzando en 2009, cuando compré 100% de mi compañía de regreso entre el miedo y el caos en Wall Street. Todo eso ocurrió en la época en que General Motors y AIG, la compañía aseguradora más grande del mundo, se fueron a la quiebra y los gigantes de la banca de inversión Lehman Brothers y Bear Stearns fracasaron. Cuando los mercados financieros se recuperaron, como yo sabía que lo harían, y el mercado accionario de múltiples volvió a sus niveles normales, completé mi compra en 2010. Ahora era el único dueño de Landry's, una compañía de 1.2 mil millones de dólares en ingresos que generaba cerca de 200 millones en flujo de efectivo anual, y yo tenía un valor neto personal que me calificó para la lista de Forbes 400 por primera vez.

Ésa es una gran historia que describe un enorme salto en riqueza. Pero también es un ejemplo de oportunidad que tomó más de una década y media para rendir frutos. Y básicamente involucró dar un paso —la oportunidad de hacer pública la compañía—, y unos dieciséis años después, dar otro paso (la oportunidad de hacerla privada otra vez).

Como le dije a un emprendedor en mi programa *Billion Dollar Buyer*: "Nunca le apunto a las estrellas. Tomo las cosas un paso a la vez, y eso tomó un largo tiempo". O, como le comenté a otro: "Estás tratando de correr una maratón, y ni siquiera me has demostrado que sabes gatear".

En mi trabajo con todo tipo de emprendedores, he visto a muchos dueños de negocios, particularmente los jóvenes, que pierden de vista eso; una impaciencia autoimpuesta que puede llevar hasta los dueños de negocios más prometedores a querer demasiado, demasiado rápido.

Esto da una vuelta en círculo para llevarnos de regreso al tema de la humildad. Si abordas tu negocio y a ti mismo con una actitud humilde, sabes qué puedes hacer razonablemente y qué no. Y esto te permite aprovechar incluso la oportunidad más pequeña, en vez de frustrarte porque ese Único Gran Salto nunca parece venir a ti. Puedes posicionarte a ti mismo para fijarte metas razonables.

La paciencia también entra en juego en la forma en que abordas ciertos tratos. Muchos emprendedores cometen el error de ir tras los negocios en una forma demasiado agresiva, enviando el mensaje de que están dispuestos a todo para cerrar el trato. Eso puede hacer que el tiro les salga por la culata, y a lo grande. Sí, a lo mejor obtienen el trato, pero no el que esperaban, porque la persona que está al otro lado de la mesa sabía cuánto anhelaban ellos el trato y les bajó los pantalones.

Esto es lo que hago. Después de evaluar todo lo que necesito tomar en consideración, hago mi mejor oferta. Le digo a la persona con la que estoy negociando que ésa es mi última oferta. Si se acerca lo suficiente para cerrar el trato, genial. Si no, estoy preparado para alejarme.

La clave aquí es decir lo que quieres decir y querer decir lo que dices. Si dices que te irás si la otra persona titubea, asegúrate de hacer precisamente eso. La razón es que, más a menudo que no, si lo que ofreciste es genuinamente justo, puede ser que la otra persona regrese a ti, y el trato se cerrará.

Puesto de otra forma, deja que el trato vuelva a ti. Esto requiere paciencia, requiere confianza, pero es una gran forma de aprovechar al máximo la oportunidad que tienes a la mano.

Está bien perseguir los tratos a veces. Pero, con la misma frecuencia, date tiempo para dejar que los tratos te persigan a ti.

¡ESCUCHA! ||||||||||||||||||||||||||||||||||||||||||||||||||||||||||||||||||||||||||||||||||||||||

La lección aquí es perseguir la oportunidad siempre que puedas, pero en una forma realista. Tiene que ser la oportunidad correcta, no sólo cualquier oportunidad. Recuerda que siempre habrá otra oportunidad. No temas alejarte de un trato. No persigas un trato, déjalo que vuelva a ti.

||||||||||||||||||||||||||||||||||||||||||||||||||||||||||||||||||||||||||||||||||||||||||||

No todos los tratos tienen que ser un jonrón —un cúmulo de buenos lanzamientos puede anotar tantas carreras como una bola larga.

 Los objetivos de Tilman

- Como emprendedor, soñar es esencial, pero en forma realista.
- No persigas un trato, deja que vuelva a ti.
- No todo trato tiene que ser un jonrón.
- Detectar la oportunidad requiere de paciencia. Siempre habrá otro trato en el horizonte.

CAPÍTULO 12

Jamás pierdas
el hambre

Ver a un gran atleta que está a la altura una y otra vez —un gran bateador de beisbol que celebra una victoria como si fuera la primera vez que hubiera ganado algo, o a un tirador de tres puntos en basquetbol que nunca pierde su entusiasmo al lanzar un tiro— te hace preguntarte por su motivación mientras admiras su atletismo.

¿Cómo mantiene ese nivel de energía? ¿Cómo puede seguir yendo por los campeonatos cuando ya tiene tantos bajo su cinturón?

La respuesta es simple: se mantiene hambriento.

Ésa es una lección invaluable para todos. Nunca pierdas el hambre por lo que estás haciendo.

Eso puede ser algo fácil para muchos emprendedores. Como apenas están comenzando, con grandes sueños, permanecer hambrientos es una de las últimas cosas por las que deben preocuparse.

Pero iniciar un negocio o tratar de llevar un negocio existente al siguiente nivel puede ser agotador. Físicamente, trabajar catorce horas al día siete días a la semana desgastará hasta al más fuerte de nosotros. Añádele a eso el estrés emocional y psicológico —tal vez estás poniendo los ahorros de tu vida en la línea, o alguien de tu familia depende de tu éxito—, y puede ser muy tentador retroceder ocasionalmente sólo para tomar aliento.

Eso está perfectamente bien, de vez en cuando. Pero para verdaderamente hacer de tu negocio un éxito —y seguir construyendo sobre ese éxito— debes hacer que esa hambre regrese.

¡ESCUCHA! ||||||||||||||||||||||||||||||||||||||||||||||||||||||||||||||||||||||||||||||||||||||||||

Comienza recordando una simple regla que enfatizo una y otra vez: tienes que saber en lo que eres bueno y en lo que no. Ése es un componente esencial para construir tu negocio. Si sabes en qué eres bueno —y te aseguras de trabajar con gente que tenga habilidades de las que tú careces— tienes un equilibrio de habilidades para abordar los problemas y aprovechar las oportunidades al mismo tiempo.

Pero examina lo que haces bien con un punto de vista especialmente personal. Eres bueno en algo. ¿Por qué motivo no querrías ser lo mejor posible? ¿Y por qué no tratar de ser más bueno en algo que toda la gente que conoces?

||||||||||||||||||||||||||||||||||||||||||||||||||||||||||||||||||||||||||||||||||||||||||||||||||||||

Mi definición del éxito en los negocios tiene que ver con dinero. Sin embargo, el éxito en la vida no se mide en dinero ni en el tamaño de tu billetera.

Pero puedes usar el tema del dinero a tu favor. ¿Cómo?

Siéntete pobre. Siempre pensé en cosas que no podía costear.

Lo que quiero decir es esto: piensa en algo que realmente quisieras hacer o tener pero no tienes el dinero necesario. Eso es sentirse pobre, y puede ser un poderoso medio de permanecer hambriento.

Obviamente, sentirse pobre significará cosas diferentes para diferentes personas. Un joven emprendedor puede sentirse pobre porque no puede comprar una casa. Uno más exitoso puede sentirse pobre porque no puede comprar el yate que desea desde el fondo de su corazón. Sin importar el sueño, sentirte pobre puede hacerte sentir muy, muy hambriento.

En mi caso, siempre tuve el sueño de ser el dueño de una franquicia deportiva en mi ciudad natal. Pude realizar ese sueño con la compra de los Houston Rockets, un trato que implicó que pusiera 100 millones de dólares no reembolsables hacia un precio de 2.2 mil millones de dólares. Pude haberlos tenido años antes por 85 millones, pero en ese entonces no pude reunir el dinero. Aun cuando era muy rico en esa época, eso me hizo sentir pobre, y pensé que nunca tendría otra oportunidad, ya que las franquicias profesionales no cambian de dueño con tanta frecuencia. Pero cuando los Rockets estuvieron disponibles otra vez, yo estaba determinado a encontrar una forma de comprarlos. Lo cual hice.

Esa actitud siempre te mantendrá hambriento. En mi caso, pude renunciar después de valer 500 millones de dólares, pero mi meta era estar en la lista de multimillonarios de Forbes, así que no me detuve. Permanece hambriento porque quieres ser el mejor. El mundo de los negocios es un deporte para mí, pero tú no puedes medir tu éxito por victorias y derrotas. Sólo puedes medir tu éxito por cuánto dinero haces.

Otra forma de permanecer hambriento tiene que ver con la perspectiva. Cuando las cosas van bien, es demasiado fácil hacer un alto y volverte autocomplaciente. ¿Por qué romperte la espalda si no necesitas hacerlo? Deja que los buenos tiempos fluyan.

Si recuerdas mi historia acerca de la industria bancaria en Houston a principios de la década de 1980, probablemente podrás imaginar a muchas personas —banqueros, gente de negocios, políticos, entre otros— que estaban absolutamente convencidas de que los buenos tiempos habían llegado para quedarse. Estaban absolutamente equivocados.

Permanecer hambriento es más fácil si tienes eso en mente. Sólo porque tu negocio está creciendo y le está yendo bien hoy, no asumas jamás que la situación nunca va a cambiar. Eso es porque lo hará; puedes estar absolutamente seguro de eso. Y permanecer hambriento cuando los tiempos son buenos te pondrá en una posición mucho mejor cuando las cosas se descompongan.

Podrás moverte hacia adelante cuando los tiempos sean desafiantes. Si permaneces hambriento sin importar lo que esté sucediendo a tu alrededor, será mucho más fácil mantener esa hambre —o aumentarla aún más— cuando tengas que esforzarte un poco más. No tendrás que cambiar la velocidad por completo.

 Sin importar las circunstancias, sé el toro.

Todo esto se reduce a un mensaje central: sé el toro. Con esto me refiero a que seas fuerte, oportunista y confiado, sin mencionar que estés siempre preparado, independientemente de lo que pueda estar sucediendo o vaya a suceder. En mi caso, ser el toro significó seguir adelante con la compra de los Houston Rockets apostando millones de dólares en dinero no reembolsable, aun cuando había otro postor adelante de mí. Enséñate a ser el mismo tipo de toro en tu negocio.

Recuerda, hay una pala para los traseros de todos. Y un toro siempre está listo para evitar el golpe. Por ejemplo, en la sección II enfaticé el punto de la liquidez. Cuando los tiempos son desafiantes y otros están luchando, eso propicia que un toro se prepare para embestir; un toro hambriento listo para apoderarse de las oportunidades cuando otros están sólo luchando por sobrevivir. Sé un toro que es fuerte cuando otros son débiles.

Pero estar hambriento y permanecer hambriento no debe ser un esfuerzo solitario. Es crucial rodearte y trabajar con otros que estén igual de motivados y hambrientos que tú. Una persona con una pasión es un activo; muchas personas con el mismo nivel de pasión son invaluables. En la misma línea, una persona apasionada y hambrienta que está trabajando con otros que básicamente están sobreviviendo es una receta segura para la frustración, la amargura y el fracaso.

Por último, para permanecer hambriento nunca veas nada como si fuera un obstáculo, algo imposible de superar. En vez de eso, toma las cosas como retos, pasos que requieren de soluciones para llegar a la línea de meta.

Esto aborda un problema que discutiré después con más detalle, pero que vale la pena mencionar otra vez ahora. Mucha gente avienta la toalla demasiado pronto, particularmente en los negocios. Se ve confrontada con problemas —a menudo bastante significativos— y asume que no hay forma de superarlos o rodearlos. Así que se rinde.

Me gusta decir que cuando se trata de tu negocio, nunca te rindas hasta que vengan y le pongan un candado a tu puerta principal. Hasta entonces, todo y cualquier cosa es posible. Y si tú abordas las cosas con la intención de resolver los retos en vez de verlos como obstáculos insuperables, nunca perderás esa hambre que es tan crucial para llevar a tu negocio al siguiente nivel, y al siguiente.

Los objetivos de Tilman

- Rodéate y trabaja con otros que estén tan motivados como tú.
- Permanece hambriento siempre. Nunca te vuelvas autocomplaciente.
- Define el éxito por ser mejor en algo que todos los demás.
- Permanecer hambriento cuando los tiempos son buenos te recompensará cuando te enfrentes a los retos.
- Trata cada problema como un reto, no como un obstáculo.

SECCIÓN 5
VIVE TU LIDERAZGO

———— ❈❈❈ ————

Me gusta decir: todos los líderes se ven bien cuando los tiempos son buenos. Es cuando las cosas están mal que realmente puedes ver un gran liderazgo.

Desde donde veo las cosas, el liderazgo no es algo que les impones a otras personas. El hecho es que la gente quiere ser liderada (y más específicamente, quiere ser liderada por grandes líderes).

Esto es aún más cierto en los tiempos difíciles. Cuando los tiempos se ponen mal, ahí es cuando los grandes líderes dan un paso al frente y mantienen a todos motivados y enfocados. No promueven el miedo y la ansiedad. Más bien, ayudan a su equipo a prepararse para los tiempos mejores que vendrán; y siempre vienen.

Otro dicho es que los grandes líderes nacen, no se hacen. Esto sugiere que eres un gran líder porque así eres y siempre lo has sido. Es algo que se te da de forma natural.

Estoy de acuerdo con eso, pero hasta cierto punto. Sí, hay quienes son líderes natos, personas que de suyo tienen habilidades y capacidades de liderazgo. Pero también creo que las grandes habilidades de liderazgo pueden enseñarse, que cualquiera que esté dispuesto a escuchar un buen consejo y una sólida guía puede, cuando menos, convertirse en un líder mejor de lo que es hoy.

El gran liderazgo siempre va de la mano con grandes negocios. Aquí tienes algunas estrategias que he aprendido y utilizado en el transcurso de los años para mejorar mis habilidades de liderazgo —habilidades que tú puedes mejorar, un día sí y otro también, para ayudar a impulsar tu negocio hacia el siguiente nivel.

CAPÍTULO 13

Si quieres ser líder, primero escucha

Todos nacimos con dos orejas y una boca por una buena razón. Y no es porque la naturaleza haya tenido por ahí una segunda oreja y decidió pegarla en nuestras cabezas.

No, la razón de que tengamos dos orejas y una boca es que es mucho más importante escuchar que hablar. Eso es cierto para todo el mundo, pero es especialmente cierto para los grandes líderes.

Los grandes líderes se toman el tiempo para escuchar; a sus socios, empleados, asesores y clientes. En mi caso, voy y hablo con las personas en la mesa de *black jack* o con alguien que esté jugando en una máquina tragamonedas. Una charla en las trincheras puede decirte muchas cosas. Probablemente escucharás una buena cantidad de tonterías, pero incluso si sólo obtienes una pieza de información útil, serás un mejor líder. Y mientras más lo hagas, mejor te volverás en separar lo útil de lo inútil.

Los líderes sólidos saben que todo el mundo tiene algo de valor que aportar, así que se aseguran de dar a todo el mundo el tiempo y la atención necesarios para ser verdaderamente escuchados. Eso es porque saben que se convertirán en mejores líderes si saben escuchar.

Esto nos lleva de regreso a la idea central que he estado enfatizando a lo largo de este libro: saber lo que sabes y saber lo que no sabes. Es una forma de honestidad personal que todo gran líder adopta. Sabe lo que sabe y sabe lo que no sabe; está listo para aprender o a confiar en otros con respecto a ese conocimiento.

Se ha dicho que los grandes líderes se rodean de personas mucho más inteligentes que ellos. ¿Se desconectan e ignoran a esa gente? Claro que no. Cuando armes tu equipo, asegúrate de que cada persona tenga algo de valor que aportar. Yo uso esta estrategia exactamente.

Al mismo tiempo, eso no significa que no debas escuchar tus instintos. Nada más lejos de ello: usa tus instintos y confía en ellos, particularmente cuando estés escuchando a los demás. Tus instintos te dirán cuál es un buen consejo y cuál no.

O, para el caso, qué es correcto y qué es incorrecto.

Pero regresemos a los asesores por un momento. Éste es un buen momento para compartir una de mis aversiones con respecto a los negocios. Para decirlo suavemente, no soy el fanático más grande de contratar asesores. En primer lugar, pueden ser caros. Muchos basan su trabajo en tratar de hacerse cada vez más indispensables; mientras más trabajas con ellos, más los necesitas y más dinero ganan ellos. ¡No, gracias!

Además, traer a un extraño a tu negocio a menudo puede resultar contraproducente. Cierto, puede ofrecerte una perspectiva objetiva, pero para eso tienes otros asesores en primer lugar. Aún más, nadie puede saber más de tu negocio que tú y quienes trabajan contigo día a día.

A menudo los asesores no hacen otra cosa que asesorarte directo a la quiebra. Hay gente a la que vale mucho más la pena escuchar.

 Los asesores pueden asesorarte directo a la quiebra.

Saber escuchar tiene también muchas otras ventajas. No hace mucho, tuve una reunión con gerentes y otras personas que estaban a cargo de varios de mis hoteles más grandes. Estaban discutiendo una promoción por la que los huéspedes del hotel recibirían 15% de descuento en el precio de su estancia. Y querían comercializarlo con la frase "15% de descuento BAR".

Si no estás en el negocio hotelero, cuando escuchas eso probablemente asumirás que la frase significa 15% de descuento en tu cuenta del bar del hotel. Pero no era eso lo que intentábamos decir. En este contexto, BAR se refiere al precio del alojamiento (el precio declarado de la habitación, o "mejor tasa disponible", *best available rate*, es decir, BAR).

Qué bueno que yo había estado escuchando tan atentamente. Les recordé que mantuvieran las cosas simples.

—Chicos, están poniendo jerga hotelera aquí —dije—. Alguien va a entrar al bar y dirá: "¿Dónde está mi 15% de descuento"? Ustedes pueden saber que eso significa el precio de la habitación en su hotel, pero ellos no.

Escuchar a la gente que te rodea no significa que necesariamente tienes que estar de acuerdo o actuar con base en lo que otras personas te dicen. Lejos de ello. Pero cuando menos, al tomar en consideración lo que los demás tienen que decir, te estarás dando a ti mismo la mejor oportunidad para tomar las decisiones más inteligentes posibles. Has obtenido percepciones en algunas áreas de tu negocio que tal vez necesitan mejoras. Has ampliado tu perspectiva, y eso nunca es malo.

Saber escuchar ayuda a un líder a evitar usar jerga propia del negocio cuando se comunica con el público. A veces un negocio está tan enfocado introvertidamente, que no se da cuenta cuando está usando un lenguaje que sólo sus empleados entienden. Escuchar bien corta de raíz ese error antes de que pueda convertirse en un problema real.

No tengo muchas reglas acerca del intercambio de ideas con la gente que conozco todos los días. Pero sí tengo una a la que me apego religiosamente: nunca, jamás me des tonterías. Puedo aceptar buenas noticias, puedo aceptar malas noticias, pero nunca trates de bailar a mi alrededor con palabras cuyo único propósito es ocultar o endulzar la verdad. Si tienes algo que decir, sólo dilo. Yo soy muy directo con las personas con quienes trabajo, y espero lo mismo de ellas. Nunca entres a mi oficina y digas tonterías, porque definitivamente te pararé en seco. Eso porque las tonterías son, de manera general y muy a menudo, fáciles de oler a una milla de distancia.

Aquí va un ejemplo. Hace algún tiempo teníamos un restaurante en Oklahoma que, por alguna razón, no estaba desempeñándose bien. Le pregunté a la gerencia regional qué estaba pasando. Bueno, dijo uno, es porque hay "comensales profesionales" en Oklahoma City.

Lo miré y dije:

—Perdona mi brusquedad, ¿pero qué chin...?

A menudo, las personas que hacen preguntas suelen ser las más inteligentes en la sala, porque tienen la humildad de preguntar algo que no saben.

Un líder que escucha también es un líder conectado, que está en contacto con su negocio y con las personas con las que trabaja.

Un gran líder también necesita y quiere permanecer involucrado con su negocio, no importa cuán grande éste pueda volverse. Y para permanecer involucrado, mi consejo es siempre el mismo: mantén tus manos sucias.

Con eso quiero decir que permanezcas comprometido con hacer lo que sea necesario para ayudar al éxito de tu negocio. Nada es demasiado pequeño o trivial. En mi caso, si entro a uno de mis establecimientos y veo una envoltura de caramelo en el suelo, la levanto. Si entro en uno de mis hoteles y veo una silla fuera de lugar, siempre la pongo donde corresponde.

El mensaje aquí es: no cambies la persona que eres. Si ves un problema, involúcrate. Y eso se aplica ya sea que tu negocio haya crecido a pasos agigantados o si sólo estás comenzando y tienes mucho que hacer. Permanece fiel a ti mismo.

¡ESCUCHA! ||||||||||||||||||||||||||||||||||||||||||||||||||||||||||||||||||||||||||||||||||||||||||||

Como líder, nunca supongas que sólo porque le dijiste a alguien que hiciera algo lo va a hacer. Ésa es una de las más grandes lecciones que he aprendido y que comparto todo el tiempo. Cuando comiences tu negocio, asegúrate de hacer un

SI QUIERES SER LÍDER, PRIMERO ESCUCHA

nión corta promueve también la franqueza y la responsabilidad. Si tú le pides a la gente que se enfoque sólo por quince minutos, más o menos, ellos traen a esos quince minutos su juego A. Y se logra mucho porque la reunión es enfocada y al grano. La meta es hacer que todos ellos se concentren por quince minutos y sepan que los estás escuchando. Ve al grano y vete de ahí.

Mantener las reuniones cortas también es algo valioso para reforzar el compromiso de toda la organización en las metas y prioridades actuales. Por ejemplo, dado que he enfatizado el valor de la hospitalidad sin importar el negocio, las reuniones cortas son una forma ideal de reiterar ese mensaje. Utiliza las reuniones cortas para recordar a todos y enfatizar todo, desde los especiales de ese día a las prioridades de producción y entrega. Mantenla corta y al grano, y el mensaje será fácil de transmitir y de comprender.

Como dije, valoro que la gente sea franca conmigo y viceversa. Pero en la misma línea, no tengo ningún problema con que alguien me diga "no sé". Eso me parece bien; es franco y va al grano. Prefiero escuchar "No sé" a que alguien pergeñe alguna historia idiota. Y me parece aún mejor si la persona que dice que no sabe añade: "Pero voy a averiguarlo". A menudo, las personas que hacen preguntas suelen ser las más inteligentes en la sala, porque tienen la humildad de preguntar algo que no saben.

Eso nos devuelve al valor de la humildad. Ninguno de nosotros tiene todas las respuestas, y el líder que lo reconoce está en buen camino de convertirse en un verdadero lider. Se sienten cómodos con alguien que les diga que no sabe algo, porque ellos saben que ellos mismos tampoco lo saben todo.

seguimiento para que las cosas se hagan de la forma en que quieres que se hagan. Y continúa con el seguimiento.

IIIIIIIIIIIIIIIIIIIIIIIIIIIIIIIIIIIIIIIIIIIIIIIIIIIIIIIIIIIIIIIIIIIIIIIIIIIIIIIIIIIIIIIIIIIIIIIIIIIIIIIIIIIIIIIIIII

Yo lo hice, comenzando con mi primer negocio, y sigue siendo cierto hasta este día. De hecho, no hace mucho, estaba saliendo del elevador en mi Post Oak Hotel, cuando me topé con un carrito de servicio al cuarto en camino a una habitación. Cuando estás manejando una orden de servicio al cuarto, muchas cosas pueden salir mal y, todavía peor, no hay manera de regresar corriendo a la cocina para traer cátsup o un limón que quedó fuera del plato. Así que siempre aprovecho la oportunidad de buscar cosas que no están bien.

Detuve a la persona que llevaba el servicio al cuarto. Revisé la cuenta para asegurarme de que estaba bien, y sí lo estaba. Toda la presentación en la parte superior del carrito también se veía bien. Entonces le pedí que me mostrara la comida.

La persona de servicio al cuarto quitó la tapa. Abajo había una hamburguesa que no tenía guarniciones —ni lechuga, ni jitomate, ni pepinillos, nada. Era sólo un bollo de hamburguesa con la carne y nada más. No cumplía con mis estándares.

Perdí los estribos. Era la peor presentación que había visto en mi vida. Si hubiera estado en otro hotel, me habría reído de ellos, pero ése era mi hotel —el Post Oak— un hotel de Cinco Diamantes y uno de los mejores del mundo, donde 99% de las cosas se hacen bien. Pero no esa vez.

De inmediato tomé una fotografía de la comida y la compartí con el gerente general del hotel y con el chef ejecutivo. El hotel había estado ganando todos esos premios a diestra y siniestra y, entonces, vamos y hacemos algo así de estúpido...

Como dije: nunca supongas nada, incluso en un hotel de Cinco Diamantes. Eso fue lo que hice ahí, en un lugar donde asumes que todo estará perfecto. Y es lo mismo que hice hace unos treinta años.

La meta es permanecer involucrado en tantos niveles como te sea posible, hasta en detalles que alguien más podría considerar insignificantes. Algunos dueños de negocios podrán ver algo de basura en el suelo y suponer que no es el fin del mundo, o esperar hasta que alguien más haga el trabajo sucio y la recoja.

Ciertamente yo no soy así, y no creo que tú lo seas tampoco. Tú quieres involucrarte y constantemente estás buscando oportunidades para involucrarte.

El ejemplo que usé antes es el de ser capaz de ver un foco fundido a 120 mil metros de distancia. Mucha gente no podría ni siquiera verlo o, si lo ve, decide que no es importante. Pero para mí —y para casi cualquier emprendedor o dueño de negocio comprometido con el éxito— nada es trivial, jamás.

Piensa en cómo se ven las personas, incluidos los líderes, cuando están trabajando duro. Tienen sus cabezas inclinadas. Eso es bueno; están concentradas y enfocadas. Pero también es conveniente levantar la cabeza de vez en cuando y mirar a tu alrededor para ver lo que está pasando. Mantener tu cabeza girando evita que te pierdas algo valioso.

Y cuando levantes la cabeza, tómate el tiempo para escuchar tan atentamente como sea posible.

Los objetivos de Tilman

- Tómate el tiempo para escuchar a todos. Un gran líder escucha todo el tiempo.
- Sé franco con la gente que te rodea y espera lo mismo a cambio.
- Mantén las reuniones cortas. Las reuniones cortas ayudan a que la gente se concentre.
- Permanece involucrado en tu negocio tanto como sea posible.
- No supongas nada.

CAPÍTULO 14

Sé un gran maestro

—◆◆◆—

Un día estaba sentado en un restaurante del Golden Nugget en Lake Charles, Louisiana. Como mencioné en el capítulo anterior, es crucial que los dueños de negocios en todos los niveles se involucren en sus empresas. Con eso en mente, decidí darme una vuelta para ver lo que estaba ocurriendo en otras partes del hotel.

Mientras caminaba por ahí, noté a una cliente en particular que se había dirigido a la recepción, en apariencia lista para registrarse. Todo parecía estar bien, así que continué mi camino.

Unos treinta minutos más tarde volví al lobby y vi a la misma cliente sentada ahí. Obviamente no se había registrado, porque su equipaje seguía a su lado.

Fui a la recepción y pregunté qué estaba pasando. Ahí me dijeron que "algo" que no estaba bien en la habitación estaba deteniendo todo. Me sentí genuinamente curioso, así que tomé el elevador y subí a la habitación para ver lo que ocurría.

Cuando entré, los miembros del personal estaban ocupados preparándolo. Todo indicaba que el registro no tendría por qué haber sido un problema.

—¿Qué pasa? —le pregunté a una de las camareras.

—Estamos esperando a que traigan una plancha a la habitación —respondió.

—¿Qué?

—Estamos esperando a que traigan una plancha a la habitación. Nadie ha firmado por ella, y no podemos tenerla hasta que alguien lo haga.

Moví la cabeza.

—¿Quieres decir que vamos a dejar a alguien sentado en el lobby por cuarenta minutos por una plancha? —pregunté. La camarera se encogió de hombros.

Cuando miré a mi alrededor, noté también que otros elementos de la habitación estaban muy lejos de estar listos para recibir a un huésped. Aparentemente, todo se había ralentizado o dejado pendiente mientras se tomaba la vital decisión acerca de la plancha.

Volví apresuradamente a la recepción y pregunté qué otras habitaciones de la misma clase estaban disponibles. Me dijeron que había una ya lista, pero que estaba reservada para otro huésped, uno que no llegaría sino hasta la noche, dentro de varias horas.

—Me importa un comino la persona que llegará después —les dije—. Resolvamos este problema ahora mismo. ¡No enfademos a la persona que ya está aquí! Pongámosla en el cuarto que está disponible, y ya nos preocuparemos por la otra persona después.

Obviamente había aquí un problema de comunicación. Alguien habría debido llamar al gerente general, que probablemente hubiera arreglado la situación en unos segundos, pero nadie estaba pensando con claridad.

144

La buena noticia es que yo sabía que todos ellos aprenderían de la experiencia. Y por eso es importante que los grandes líderes sean también grandes maestros.

 Nunca pienses que tu posición es demasiado alta como para enseñar a los demás. Yo sigo enseñando todos los días.

La forma en que ocurre esa enseñanza cambiará todos los días. Un día puede ser una lección aprendida al lidiar con una crisis que, para empezar, nunca debió haber sucedido, como la huésped atorada innecesariamente en el lobby esperando una habitación.

Otras ocurren como resultado de problemas más rutinarios y cotidianos; una mancha húmeda frente a la entrada principal que tarda demasiado en ser trapeada, por ejemplo.

A medida que lidias con problemas diariamente, no temas explicar a la gente que te rodea cómo llegaste a la resolución de ese problema en particular. Hazles saber los detalles de tu razonamiento, para que puedan aprender cómo piensas para resolver las cosas.

Eso no significa explicar cada pequeña decisión. Si hay una mancha húmeda en la entrada, no es necesario mostrar a los demás cómo encontraste una jerga y la trapeaste. Pero puedes compartir la lección de mantener siempre los ojos abiertos y estar alerta constantemente de los pequeños problemas (hay buenas probabilidades de que tu personal ya sepa cómo usar una jerga).

¡ESCUCHA! ‖‖

La mejor forma de resumir tus metas como maestro es enseñar a tu gente a actuar como tú lo harías en una situación en particular. Si confías en tu propia habilidad para tomar decisiones —y, como dueño de negocios, más te vale hacerlo— úsate a ti mismo como modelo para enseñar. Si a ti te funciona, no temas compartirlo con los demás.

‖‖

Muéstrales también el valor de tomar decisiones rápidas. Esto nos lleva de regreso a conocer tu negocio por dentro y por fuera, desde los números detrás hasta tu comprensión general de cómo funcionan las cosas y por qué. Si tienes una batería de conocimiento a la mano, estás en mejor posición de tomar decisiones con rapidez. Sabes de lo que estás hablando y lo aplicas de manera práctica.

Por supuesto, esto no quiere decir que todas las decisiones que tomes serán correctas. Como todos sabemos, operar un negocio tiene sorpresas y eventos inesperados que evitan que hasta el emprendedor más informado batee un jonrón. Pero una decisión equivocada siempre puede corregirse, y la gente aprende de eso tanto como de una decisión que estaba bien desde el principio. A menudo, la lección que se desprende de la decisión equivocada es aún más valiosa.

Una decisión rápida no sólo promueve un sentido de confianza acerca del negocio —un sentido de que el liderazgo está conectado y en control—, sino también le enseña a la gente el valor de ser capaz de pensar con rapidez. Ésta es una lección tan valiosa como cualquiera que puedas compartir con quienes trabajas. Alienta a los otros a usar el conocimiento que tienen para tomar decisiones rápidas. Aprémialos para ser creativos y acercarse a los problemas desde nuevas perspectivas. Tolera los errores, siempre y cuando alguien termine aprendiendo algo sobre la experiencia.

Ser capaz de pensar y actuar en el momento es una lección crítica porque, para la mayoría de los negocios, no hay dos días exactamente iguales. Cada día trae consigo nuevos retos, nuevos problemas y nuevos temas que deben abordarse. Esos retos requieren de gente que tenga la habilidad de pensar mientras se mueve.

Como nos gusta decir por aquí a la gente que está entrevistándose para un empleo: si quieres un guion para cada día, no lo tenemos. Cada día es tan nuevo que cualquier guion sería inútil. Apuesto que tu negocio está en el mismo barco. Ésa es la situación ideal para las personas que poseen la habilidad de pensar con rapidez.

Y ésa es una de las cosas que me gustó mucho de Brittany Hankamer y Megan Oberly, de Eat Drink Host.

Conocí a ambas mujeres para enterarme acerca de su compañía de productos de papel personalizados. Y quedé muy impresionado con la calidad y la creatividad que aportaban a la operación. (¿A quién no le gustaría comer su refrigerio de una pequeña charola de papel que tiene labradas las palabras "Plato pequeño, pequeñas calorías"?).

Más aún, la compañía pasó mis pruebas con brillantes colores. Antes de un partido de los Houston Rockets, ofrecimos a los fanáticos una selección de recipientes y servilletas de papel tanto nuestra como de muestras de Eat Drink Host. Los resultados: 87% de los fanáticos respondió que preferían los productos de Eat Drink Host; un resultado fantástico.

Sin embargo, como muchos pequeños negocios, no tenían la escala suficiente para que sus productos fueran costeables para operaciones como la mía. De todas formas, me gustó el diseño y ofrecí 15 000 dólares por los derechos exclusivos de usar sus diseños en los restaurantes Bill's Bar & Burger.

Ellas aceptaron de inmediato; sin aclararse la garganta y sin titubeos, sin hacerme comentarios sin sentido. No fue exactamente el tipo de trato que habían esperado, pero una rápida evaluación de la oportunidad que les ofrecí les dio la confianza de que esa pronta decisión era la correcta.

O, como ellas dirían: Piensa. Rápido. Ten éxito.

También es útil ser un maestro práctico, uno que trabaja uno-a-uno siempre que sea posible para ayudar a otros a aprender y a mejorar. Me encanta trabajar estrechamente con mi gente de marketing y publicidad para mostrarles cómo pienso que un anuncio o una campaña podrían mejorarse. A lo mejor a ellos no les encanta tanto como a mí, pero me gusta pensar que todos aprenden de ello; incluyéndome.

A veces las mejores lecciones se enseñan en un entorno donde no todos se sienten cómodos o, para el caso, felices. Para transmitir un mensaje, haré ciertas cosas que, con la meta de enseñar en mente, no serán particularmente agradables en ese momento.

Cuando éramos relativamente pequeños, tuvimos una reunión de gerentes generales. Uno de ellos explicó que estaba reclutando activamente nuevos empleados y dijo que quería crear su propio logotipo para ayudarse a hacerlo.

Yo no estaba muy feliz. Le dije claramente que teníamos un departamento de marketing, que ya teníamos un logo y que éste estaba ahí por muy buenas razones. Le dije que no había forma de que yo permitiera que un nuevo logo distrajera del mensaje general de la compañía.

En ese momento me di cuenta de que lo estaba reprendiendo frente a los demás. Pero también me di cuenta de que lo que yo quería decir era absolutamente claro; yo sabía que nadie más en esa sala haría o incluso sugeriría jamás algo como eso de nuevo.

Después, fui con el gerente general y me disculpé con él por la forma en que lo había tratado. Le dije que no había sido mi intención ser tan duro pero que me había dado la oportunidad de transmitir un mensaje.

Eso es algo que ocurre con mucha frecuencia, y siempre procuro pasar mi brazo por los hombros de la persona y explicarle por qué hice lo que hice. Quiero que sus recuerdos acerca de la experiencia sean cortos. Quiero que el recuerdo de la lección aprendida sea largo.

En otra ocasión, estaba en uno de mis restaurantes en San Antonio. Fui a la cocina y noté que había cubiertos en la basura. Resultó que los meseros y garroteros que vaciaban las sobras de comida de los platos también estaban tirando los cubiertos en el cubo de basura.

Estaba tan enojado, que volteé el cubo y esparcí la basura en el piso frente a todo el mundo. Con todos en la cocina mirándome, llamé a un garrotero y al gerente, y los tres recogimos la basura, asegurándonos de separar los cubiertos. Y para hacer que el garrotero se sintiera un poco mejor, le di una propina de 20 dólares.

Esa historia subraya varios puntos importantes. Primero, protege tus activos. Segundo, cuando el dueño de la compañía se inclina para recoger la basura la gente comienza a entender la cultura. Aprenden que cualquiera puede y debe hacer ese tipo de cosas. Ahí es cuando los gerentes comienzan a hacerlo, junto con los meseros y todos los demás. Está bien ensuciarte las manos.

Aunque creo en reconocer a la gente que hace bien su trabajo, la enseñanza y el contacto continuo con las personas con las que trabajas nunca debería ser una sesión interminable de elogios mutuos. El gran trabajo debe ser reconocido y recompensado, pero recuerda: hacer bien tu trabajo es algo que debe ser esperado, no constantemente aplaudido. Eso nos lleva de vuelta a la cultura. Tu cultura debe exigir un máximo desempeño. Es genial que los empleados hagan bien su trabajo, pero eso es también lo que se espera de ellos, no algo reconocido como si fuera especial o extraordinario.

Tomar un enfoque de uno-a-uno es algo que debería aplicarse a todos los que trabajan contigo, no nada más a ciertas personas. Una de mis reglas más importantes es simple y tiene todo que ver con la enseñanza: no pienses que eres demasiado importante o que estás demasiado alto en una compañía para enseñarle algo a alguien. Como dije antes, un gran líder es siempre un líder humilde y eso se aplica a la enseñanza tanto como a cualquier otra cosa.

En mi división de restaurantes, les digo esto a mis gerentes de alto nivel: nunca piensen que son demasiado importantes o que están demasiado ocupados para enseñar a un garrotero o para ayudar a capacitar a un cocinero. No lo dejen en manos de sus gerentes de piso ni de sus gerentes de cocina. En vez de eso, tomen a un garrotero, llévenselo a una mesa y explíquenle claramente lo que quieren que haga. Quieren que limpie exactamente así. Quieren que mire la base de la mesa y vea si hay comida ahí; ¡después de todo, los pies de las personas merecen el mismo nivel de limpieza que sus manos! Asegúrense de que no hay cátsup, un pequeño trozo de mantequilla o cualquier otra cosa dejada en el asiento porque un niño estuvo sentado ahí antes.

Ese tipo de enseñanza es invaluable. Si un gerente toma a un garrotero y le capacita mostrándole que las circunstancias y situaciones siempre van a ser diferentes y cómo reaccionar, obtendrá más de una capacitación de cinco o diez minutos que si el mismo garrotero participa en una semana de instrucción grupal.

También le muestra al empleado algo que es igual de valioso que cualquier parte de la capacitación: que él o ella son importantes. Él o ella se sentirán valorados y comenzarán a pensar: "Si el gerente general se está tomando el tiempo para mostrarme cómo hacer bien mi trabajo, entonces este trabajo es importante para el éxito de todo el negocio".

Así que nunca pienses que tu posición es demasiado alta como para enseñar a los demás. Yo enseño todos los días. E igual de importante: aprendo tanto como enseño a los demás.

Cada día es un día de aprendizaje para mí también. Alguien hace algo que me hace un poco más inteligente de lo que era al comenzar el día, porque no siempre estoy hablando, también estoy escuchando.

Cada día es una experiencia de aprendizaje para mí y para todo el mundo. Alguien hace siempre algo que me hace un poco más inteligente de lo que era al comienzo del día. Si eres un líder que se dedica a enseñar a todos los que te rodean todo lo que tienes para compartir, puedes ser igual de abierto a aprender y beneficiarte de todo lo que ellos pueden ofrecer a cambio.

¿Qué es lo que hace a un buen aprendiz? Ser capaz de detenerse y escuchar. Sé que si me tomo el tiempo para escuchar y puedo captar incluso algo pequeño todos y cada uno de los días, seré un mejor empresario, propietario, gerente, empleado —lo que sea— al día siguiente.

 Los objetivos de Tilman

- Un gran líder es también un gran maestro. Aprovecha cada oportunidad que tengas para enseñar a quienes te rodean.
- Anima a la gente a pensar con rapidez y a ser creativa.
- No temas equivocarte. Los errores pueden ser un maestro más efectivo que el éxito.
- Los grandes líderes siempre están aprendiendo.

CAPÍTULO 15

Cambia, cambia, cambia

Muchas personas, incluyendo a los emprendedores, se sienten atemorizadas o intimidadas por el cambio.

Yo no. Yo adoro el cambio. De hecho, me encanta decir: "Cambia, cambia, cambia".

El cambio le da a cada uno de nosotros la oportunidad de mejorar, de reinventarse y de corregir errores pasados. Y si tú no cambias, la pala que mencioné al principio de este libro va a encontrar tu trasero.

Y pronto.

Remóntate al capítulo anterior, cuando discutí la importancia de ser un gran maestro. La razón de que sea vital estar enseñando todo el tiempo es que quieres que la gente a tu alrededor cambie y crezca. Quieres que mejore, que sea mejor en su trabajo y que piense más rápido y más creativamente.

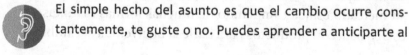

¡ESCUCHA!

El simple hecho del asunto es que el cambio ocurre constantemente, te guste o no. Puedes aprender a anticiparte al cambio y ponerte a ti y a tu negocio en una mejor posición para reaccionar con mayor agilidad, o bien, puedes ignorar y negar el cambio.

||||||||||||||||||||||||||||||||||||||||||||||||||||||||||||||||||||||||||||||||||||||||||||||||||

Y, como mencioné al comienzo del capítulo, eso puede llevar a un golpazo de pala muy desagradable. Sólo pregúntale a compañías como Xerox, Kodak y Blockbuster; nombres icónicos que eligieron ignorar el cambio que estaba a su alrededor. La pala ciertamente las encontró.

La presencia e importancia del cambio es algo que predico constantemente. Es crucial que siempre estés buscando formas de cambiar tu negocio, porque las industrias continuamente son alteradas y las tendencias cambian constantemente todo lo que nos rodea. Si no estás buscando formas de adelantarte a la curva con nuevos y espectaculares productos o servicios, puedes retrasarte muy fácilmente. Así que en vez de mirar hacia arriba y darte cuenta de que estás detrás de la curva, ponte al frente de ella cada vez que puedas.

Coca-Cola es un buen ejemplo. Una vez fue una compañía que producía un refresco, y ahora ha cambiado para incorporar todo tipo de bebidas y productos diferentes, por no mencionar el diseño y el aspecto de esos productos. ¿Podría haber sobrevivido si se hubiera aferrado a sólo un tipo de bebida? Probablemente, pero su capacidad de cambio ha permitido que la compañía logre la excelencia.

El ejemplo de Coca-Cola también destaca la importancia de anticiparse al cambio. La compañía se dio cuenta de que su mercado estaba cambiando de muchas formas distintas y estaba lista con productos para darle la bienvenida al cambio.

Como yo lo veo, al anticiparte al cambio no sólo cambias con los tiempos: cambias los tiempos en sí.

Al anticiparte al cambio, no sólo cambias con los tiempos: cambias los tiempos en sí.

Mis negocios cambian contantemente, sea en sus elementos del menú, los uniformes del personal, la música que se toca o la disposición y el ambiente. Cuando adquirí Morton's The Steakhouse en 2011, aunque habían sido un lugar popular para los filetes de carne de res desde su primer restaurante en 1978, para la época en que compré el concepto tenían más de setenta restaurantes que no estaban haciendo algo crítico: cambiar, cambiar, cambiar.

Una de las marcas de cortes de carne más reconocidas del mundo todavía se veía y se sentía como hacía treinta años. Banquillos de cuero rojo, madera oscura de caoba por todas partes, los *maitres* con corbatas de moño y de smoking, cero música, e incluso un carrito de comida que circulaba por todas las mesas para presumir sus cortes crudos al principio del servicio. La marca necesitaba atraer a una base de clientes más amplia.

Para 2011, Del Frisco's, Mastro's, STK y otros restaurantes de cortes de carne de lujo habían superado a los de Morton's en cómo se veían, se sentían y vibraban. ¿Y qué fue lo que hice? Cambiar, cambiar, cambiar. Les di un diseño interior enteramente nuevo, instalé mobiliario moderno, actualicé los uniformes (matando las corbatas de moño y los smokings), bajé la intensidad de las luces, encendí la música y expandí el menú. ¿Y qué fue lo que pasó? Hice crecer la base de clientes e hice más negocio. La misma gente que conocía y amaba la marca siguió viniendo y le presenté a Morton's a una generación de clientes enteramente nueva, que solía pensar que Morton's era donde sus abuelos comían en su aniversario de bodas.

¿Cómo puedes anticiparte al cambio? Para citar el título de mi libro: "¡Cállate y escucha!".

¡ESCUCHA! ||||||||||||||||||||||||||||||||||||||||||||||||||||||||||||||||||||||||||||||||||||||||||||||||||

Presta atención a los cambios en la sociedad, como un creciente interés en alimentos saludables, de la granja a la mesa. Entiende a tu base de clientes. ¿Qué valoran en este momento? Presta atención a las tendencias e innovaciones de la tecnología. ¿Cuáles esperas que levanten el valor y el atractivo de tu negocio? Habla con tus clientes. Habla con tus empleados; mientras mayor sea la variedad de personas con las que puedas hablar, más amplio y preciso será el panorama de cambio al que puedas anticiparte y ante el que puedas reaccionar.

||||||||||||||||||||||||||||||||||||||||||||||||||||||||||||||||||||||||||||||||||||||||||||||||||

El no golpear al cambio primero pone al cambio en posición de dictarte los términos, en vez de que sea al contrario. Como siempre me gusta decir: si te cruzas de brazos, vas a quedar fuera del negocio.

Aquí te va un ejemplo que muestra la importancia de estar abierto al cambio. La Suprema Corte de Estados Unidos permitió que los estados implementaran varios tipos de apuestas deportivas legalizadas. Como probablemente sepas, una buena parte de la operación general de mis negocios tiene que ver con el juego, como las mesas de juego, las máquinas tragamonedas y similares.

Por un lado, podríamos elegir agacharnos y aferrarnos a lo que ya teníamos armado, esperando que las apuestas deportivas legalizadas no le quitaran valor al juego que ya teníamos. Por otra parte, podríamos abrazar este tipo de cambio como una avenida fresca de oportunidad, y eso es exactamente lo que hicimos.

Yo lo resumí de la siguiente forma durante una entrevista sobre el tema con CNBC: "Todos tenemos que evolucionar".

Es un resumen ideal a mi enfoque con respecto al cambio. Va a suceder, así que ponte a ti y a tu negocio en una posición en la que puedas aprovecharlo al máximo.

Todo negocio lidia continuamente con el cambio. En el negocio de los restaurantes es todo, desde subir un poco el volumen de la música hasta incorporar mesas comunitarias y agregar platillos como tostadas de aguacate y pimientos shishito que reflejen la forma en que la gente quiere comer hoy en día.

Eso hace surgir una pregunta obvia: ¿cuándo es bueno el cambio y cuándo es mejor seguir haciendo lo que has estado haciendo? La respuesta es sencilla: prueba. Si has visto *Billion Dollar Buyer*, casi todos los episodios tienen al menos un caso en el que ponemos el producto de una pequeña empresa contra sus competidores. Después, usando a todos, desde clientes reales hasta otras personas que trabajan para mí, les pedimos que sean honestos: ¿cuál es mejor y por qué?

Ese énfasis en recurrir a tus clientes para que evalúen el cambio es crítico. Primero, vas a obtener una realimen-

sideraron afortunados de que no hubiera entrado agua al establecimiento.

Pero el daño estaba hecho en otras formas. Habiendo luchado incluso antes de que golpeara la tormenta, los trabajos que habían sido programados antes de la llegada del huracán no pudieron ser completados. Los dueños perdieron su cuenta más grande.

En consecuencia, el negocio se vio obligado a cerrar por casi tres semanas, lo cual les costó entre 75 000 y 100 000 dólares, una cantidad nada insignificante cuando las ventas del año previo habían sido de menos de 700 000 dólares.

Aún peor, como eran un negocio muy pequeño, ponerse al día era casi imposible. No había un plan B, sólo una lucha desesperada para seguir adelante de un día al siguiente.

Cuando conocí a Jessica y Gus, las cosas estaban tan mal que ellos me dijeron que estaban pensando seriamente en declararse en quiebra y cerrar la tienda.

Mi reacción fue:

—¿De qué están hablando?

Les dije que su puerta seguía abierta. Que veía un montón de piedra afuera. Que no había nada que evitara que los clientes entraran e hicieran pedidos.

Les dije:

—No estarán fuera del negocio hasta que no tengan un solo dólar para salir y comprar producto, hasta que alguien venga y ponga un candado en la puerta, o no puedan pagar la nómina. Eso es. Y si no pueden pagar la nómina, entonces tendrán que hacerle de todo, ser el vendedor, el fabricante, todo. ¡Pero ustedes siguen en el negocio!

También les dije que no desperdiciaran su dinero en un abogado. Yo tenía confianza en que Jessica y Gus podían levantarse de la lona y hacer lo que fuera para reestructurarse.

También les lancé un reto para dejarles ver por sí mismos lo que podían hacer, incluso bajo enormes presiones financieras. Les pedí que diseñaran una cubierta de bar con un borde redondo. Ellos la entregaron.

El bar demostraba una increíble destreza y color. Era justo lo que yo buscaba y, a cambio, les propuse que se convirtieran en los principales proveedores de piedra de uno de mis casinos y tres restaurantes; un trato con valor de 200 000 dólares.

Ellos aceptaron.

La historia de Gus y Jessica ilustra una estrategia clave detrás de una determinación de seguir adelante cuando rendirse parece ser la respuesta obvia. En su caso, no salieron del negocio, y me alegra haber tenido un papel activo en esa decisión.

De cara a la adversidad, ¿un negocio está cerrando sus puertas porque así lo dictan las condiciones, o los dueños están cerrando porque ya no tienen ganas de pelear?

No estarás fuera del negocio hasta que no tengas un solo dólar para salir y comprar producto, hasta que alguien venga y ponga un candado en la puerta o no puedas pagar la nómina.

Esto es parecido a una discusión previa que tuvimos acerca del servicio al cliente. Cuando tú o alguien más en tu negocio le dice a un cliente que no, ¿esa negativa es una decisión o algo que está completamente más allá de su control?

Recurrir a otras personas en busca de apoyo y consejo también puede ser crucial en esta coyuntura. Eso fue lo que hice con los Trevino. Habla con otros emprendedores. Obtén realimentación de gente que pueda darte un punto de vista objetivo, lo que también puede ser útil para tomar las decisiones correctas para tu negocio.

Sin importar cuán útil como pueda ser el consejo externo, los toros reconocen que ellos mismos son sus más confiables asesores.

No renuncies, a menos que no haya absolutamente otra opción. Sigue golpeando.

Te aseguro que te sorprenderás. Tienes mucho más aliento dentro de ti de lo que podrías pensar.

 Los objetivos de Tilman

- Los líderes se mantienen altos y firmes en tiempos difíciles.
- La persistencia es una valiosa habilidad; sigue golpeando.
- Siempre piensa fuera de la caja.
- Cuando las cosas se pongan difíciles, recuerda lo básico.
- Siempre sé el toro.

En estos cinco años en que Tilman ha sido el pr[...]
consejo de regentes, hemos visto una diferencia [...]
sidad que nunca habíamos visto antes.

Tilman es el líder ideal para una institu[c...]
Plantea preguntas muy precisas y siempre te d[...]
de dirección. Su visión es muy grande, muy po[...]
honesta. Ofrece ideas en las que ninguno de no[...]
jamás.

Un ejemplo es la decisión de la Universidad de [...]
empezar a construir un campus satélite en Kat[...]
2018, a pesar de que la comunidad no tenía insta[...]
educación superior existentes.

Tilman dijo: "Yo sé dónde va a estar viviendo la [...]
de diez y veinte años". Él sabe cuán esencial es [...]
ducto a la gente".

Yo sentí que era esencial expandir el alcance de [...]
mas de la UH para llegar a lugares que van a e[...]
un crecimiento poblacional significativo; de nu[...]
de servir a las masas.

Lo mismo ocurrió con el programa de futbo[...]
de la UH, que desde hacía mucho tiempo se [...]
como un trampolín para empleos en programa[...]
des y visibles. Trabajando con la canciller Kh[...]
mentamos un nuevo programa de adquisicion[...]
para construir una lealtad mutua entre la u[...]
nuevas contrataciones prometedoras.

"Ahora que has escuchado…"

Ahora que estamos al final de este libro, tengo una confesión que hacer.

Cuando estábamos tratando de decidir un título, primero hicimos toda la investigación usual y el trabajo preliminar para intentar identificar una frase que capturara varias cosas importantes.

Segundo, queríamos tener un título que sonara como yo. ¡Creo que eso ya lo cubrimos!

Pero el tercer componente era algo sobre lo que tengo sentimientos muy fuertes. Y, para bien o para mal, es la frustración.

No puedo decirte qué frustrante es para mí tratar de compartir todo lo que he aprendido con mis emprendedores y con otras personas que están buscando llevar sus negocios al siguiente nivel; tratar de compartir lo que pueda con ellos, sólo para que se nieguen en una forma u otra a tomar en serio mi consejo.

Eso me frustra como el diablo. No llegué a la lista de Forbes porque me apellide Rockefeller. Me hice a mí mismo

en la cabeza. Como ningún otro de sus órgan[...]
impactado por los disparos, para mí no tenía[...]
hubiera muerto. Como sabía que Mark estaría v[...]
toria en las noticias en mi avión, de inmediat[...]
por el teléfono aéreo y le dije que estaba cie[...]
seguro de que ella seguía viva.

Pero, igual de importante, mi instinto me d[...]
esos nuevos reportes estaban equivocados. Y N[...]
mi habilidad para ver eso.

Tilman dijo que él sabía que Gabby todavía e[...]
importar lo que estuvieran reportando en las n[...]
cien por ciento seguro. Y tenía razón.

Puedes ver el mismo tipo de reacción instir[...]
gocio. Él se mueve muy rápido. Y le hace caso a[...]
que por lo general son bastante buenos. Tiene la[...]
habilidad de ver el mundo a través de los ojos[...]
entendiendo y anticipándose a lo que la gente [...]

RENU KHATOR

Cambio ha sido el nombre del juego en la Ur[...]
Houston bajo el liderazgo de la canciller Renu[...]
rante su administración, la UH ha roto récord[...]
miento para investigación, inscripciones y ex[...]
démica. Y yo he tenido la fortuna de involu[...]
presidente del consejo de regentes de la univer[...]
últimos cinco años. La canciller Khator y yo [...]
creyentes del poder del cambio para mejorar.[...]

Tilman dijo: "Cambiemos el modelo de negocios, para que haya un verdadero compromiso entre la universidad y los entrenadores".

Él ha aumentado la eficiencia en todo lo que hacemos, incluyendo las reuniones del consejo de regentes. Ahora la gente viene preparada para esas reuniones, lo cual no siempre es el caso en una institución pública.

Si tuviera que definir una cualidad de Tilman, diría que es la compasión. Una vez tuvimos un estudiante que trató de suicidarse. Tilman me envió mensajes de texto cada cuatro horas preguntando cómo estaba el estudiante. Su corazón realmente se conecta con los alumnos, porque sabe que las personas no son sólo números.

La forma en que Tilman piensa desde una perspectiva de negocios ha puesto a la Universidad de Houston en una trayectoria completamente diferente.

Acerca del autor

Tilman Fertitta, nativo de Houston, es un dotado hombre de negocios, reconocido líder en las industrias de los restaurantes, la hotelería, el entretenimiento y el juego, y de quien Forbes se refirió como "el restaurantero más rico del mundo". Fertitta es la estrella en su propio *reality show* de televisión en CNBC, *Billion Dollar Buyer*, y es también el único propietario de Fertitta Entertainment, dueño de la gigantesca Landry's, los casinos y hoteles Golden Nugget, así como de los Houston Rockets, de la NBA.

Printed in the USA
CPSIA information can be obtained
at www.ICGtesting.com
JSHW031121090724
66096JS00012B/555